CB045354

FREUD

COLEÇÃO
FIGURAS DO SABER
dirigida por
Richard Zrehen

Títulos publicados
1. *Kierkegaard*, de Charles Le Blanc
2. *Nietzsche*, de Richard Beardsworth
3. *Deleuze*, de Alberto Gualandi
4. *Maimônides*, de Gérard Haddad
5. *Espinosa*, de André Scala
6. *Foucault*, de Pierre Billouet
7. *Darwin*, de Charles Lenay
8. *Wittgenstein*, de François Schmitz
9. *Kant*, de Denis Thouard
10. *Locke*, de Alexis Tadié
11. *D'Alembert*, de Michel Paty
12. *Hegel*, de Benoît Timmermans
13. *Lacan*, de Alain Vanier
14. *Flávio Josefo*, de Denis Lamour
15. *Averróis*, de Ali Benmakhlouf.
16. *Husserl*, de Jean-Michel Salanskis
17. *Os estóicos I*, de Frédérique Ildefonse
18. *Freud*, Patrick Landman
19. *Lyotard*, Alberto Gualandi

FREUD
PATRICK LANDMAN

Tradução
Nicia Adan Bonatti

Estação Liberdade

FIGURAS DO SABER

Título original francês: *Freud*
© Société d'Édition Les Belles Lettres, 1997
© Editora Estação Liberdade, 2007, para esta tradução

Preparação de texto e revisão Tulio Kawata
Projeto gráfico Edilberto Fernando Verza
Composição Nobuca Rachi
Capa Natanael Longo de Oliveira
Assistência editorial Heitor Ferraz
Editor responsável Angel Bojadsen

CIP-BRASIL. CATALOGAÇÃO-NA-FONTE
Sindicato Nacional dos Editores de Livros, RJ.

L247f

    Landman, Patrick,
    Freud/ Patrick Landman ; tradução Nicia Adan Bonatti. – São Paulo : Estação Liberdade, 2007
    160p. – (Figuras do saber ; 18)

    Tradução de: Freud
    Inclui bibliografia
    ISBN 978-85-7448-123-4

    1. Freud, Sigmund, 1856-1939. 2. Psicanálise.
3. Filosofia. I. Título. II. Série.

06-4264.   CDD 921.3
                                              CDU 929: 159.964.24

Todos os direitos reservados à

Editora Estação Liberdade Ltda.
Rua Dona Elisa, 116 • 01155-030 • São Paulo – SP
Tel.: (11) 3661-2881 Fax: (11) 3825-4239
e-mail: editora@estacaoliberdade.com.br
http://www.estacaoliberdade.com.br

Sumário

Cronologia   9

Prolegômenos   11

1. Biografia   35

2. Os grandes conceitos freudianos   55

3. A técnica psicanalítica   79

4. As principais correntes antifreudianas   97

5. Biologia e religião   115

Conclusão   131

Bibliografia   151

Cronologia

1856 Nascimento, em 6 de maio, de Sigismund Schlomo Freud, em Freiberg (Morávia).

1873 É aprovado no exame de fim de estudos secundários com menção; dirige-se para a medicina.

1876 Depois de pesquisas sobre o aparelho sexual das enguias, entra no laboratório de Ernst Brücke.

1876 Josef Breuer toma-o como amigo e protegido. Sigismund Freud torna-se Sigmund Freud...

1879 Conhece Martha Bernays, vinda de uma família de eruditos.

1881 Torna-se médico.

1884 Descobre as propriedades analgésicas da cocaína, publica os resultados de seus trabalhos, mas não continua suas pesquisas. No mesmo ano, Carl Koller, seu colega, testa a cocaína no olho de rã, depois no olho humano... e inventa a anestesia local.

1885 Nomeado *Privatdozent* (professor universitário), obtém uma bolsa e vai para a Salpêtrière trabalhar com Jean-Martin Charcot, que trata a histeria com a hipnose e a sugestão.

1886 Abre seu consultório e casa-se com Martha.

1888 Primeira protopsicanálise de uma histérica.

1889	Vai a Nancy encontrar Bernheim, de quem havia traduzido *De la suggestion et de ses applications thérapeutiques* [Da sugestão e de suas aplicações terapêuticas] no ano anterior.
1892	Colabora com Breuer e descobre a livre associação.
1893-95	Publica os *Estudos sobre a histeria*.
1895	Nascimento de Anna Freud.
1899	Publicação de *A interpretação dos sonhos*, datada de 1900.
1901	Viagem a Roma.
1905	Publicação de *Três ensaios sobre a teoria da sexualidade*.
1909	Viagem aos Estados Unidos, com Jung e Ferenczi.
1910	Fundação da Sociedade Internacional de Psicanálise, presidida por Jung.
1914	Demissão de Jung.
1923	Diagnóstico de câncer no maxilar e primeira operação.
1929	Publica *O mal-estar na civilização*.
1930	Recebe o prêmio Goethe.
1933	Os nazistas queimam seus livros.
1938	Os nazistas anexam a Áustria e Freud parte para Londres.
1939	Morre em 23 de setembro. Publicação de *Moisés e a religião monoteísta*.
1951	Morte de Martha Freud.

Prolegômenos

Por que um novo livro sobre Freud? Para realçar publicamente o caráter decisivo de sua descoberta. Claro que Freud é conhecido: sua obra está em todas as livrarias e, na França, até é ensinada aos alunos do terceiro ano colegial. Inúmeros de seus conceitos entraram na linguagem comum. O próprio personagem é célebre. Quem não conhece seu rosto barbudo e o olhar atento por trás das lentes de seus óculos? Ele é onipresente na cultura de massas; recebeu até as honrarias de Hollywood, com filmes célebres como o de John Houston, *Freud, além da alma*, ou de Hitchcock, *Marnie, confissões de uma ladra*, e outros. Entretanto, a sina da descoberta freudiana, dado que incide sobre o lugar do "sexual" no homem e na cultura, é de ser perpetuamente atenuada e recolocada em causa, de onde a necessidade de descobrir Freud.

O pensamento de Freud marcou profundamente o século XX. Sua influência não cessou de crescer ao longo desse século. Não existe nenhum campo das ciências ditas humanas, da filosofia à antropologia, da história à sociologia, da pedagogia à literatura, etc., no qual seu pensamento não tenha penetrado em um ou outro momento, seja pelo empréstimo dos conceitos freudianos efetuado por outras áreas, seja pelo emprego do método de investigação analítica em outro lugar que não o campo da clínica ao qual ele era inicialmente destinado. Freud havia mostrado o caminho: ele fez a psicanálise dita "aplicada" à arte ou à literatura, analisou o *Moisés* de Michelangelo, a *Gradiva* de Jansen, uma lembrança da infância de Leonardo da Vinci, o parricídio em Dostoievski, etc. Aventurando-se em terras que não eram as suas, Freud forçava a atenção de seus contemporâneos, além da de seus pares, e legitimava, por antecipação, os empréstimos que outros fariam de seus conceitos fundamentais para aplicá-los a objetos tão diversos como os mitos, as ideologias sociais, os pensamentos políticos ou outros objetos culturais. Mas, no início, a eventualidade de seus empréstimos parecia bem improvável.

Freud não se contentou em aplicar a psicanálise a outros campos que não o clínico: ele promoveu um verdadeiro "pensamento do inconsciente".[1] Esse pensamento sobre o inconsciente parece ter-se tornado uma referência para sociólogos, antropólogos, lingüistas, por exemplo, sem por isso forçá-los a aceitar o conjunto da doutrina: ele lhes permite interrogar com proveito, isto é, com um ganho de conhecimento apreciável, inúmeros fatos sociais, linguageiros ou culturais.

Qual é o cerne desse pensamento sobre o inconsciente? A origem "sexual" desse inconsciente. Precisemos imediatamente que, para Freud, "sexual" não se confunde com o que se entende por "sexualidade". Voltaremos a isso mais tarde, mas notemos desde agora o seguinte: quando Freud desenvolve uma teoria da origem da civilização produzindo o mito do pai da horda primitiva, ele coloca a questão do "sexual" no próprio coração da problemática da cultura e da civilização. Essa disposição do "sexual" no centro operará uma "revolução antropológica".[2]

---

1. P. L. Assoun, *Freud et les sciences sociales*, Paris, Armand Colin, "Introduction", 1993.
2. M. Robert, *La Révolution psychanalytique*, Paris, Payot, 1964. [Ed. bras.: *A revolução psicanalítica*, trad. Attílio Cancian, J. Guinsburg e Ricardo W. Neves. São Paulo: Perspectiva, 1991.]

É difícil referir-se ao pensamento sobre o inconsciente freudiano rejeitando a primazia do "sexual" que ele contém. Alguns se esforçaram em fazê-lo – como Jung, por exemplo, que por esse motivo foi fortemente criticado por Freud e pelos freudianos –, mas no conjunto o pensamento de Freud foi indiscutivelmente ampliado em todos os campos, sem ter sido gravemente enfraquecido ou mutilado em seus elementos subversivos ou sensíveis em relação à moral ou aos dogmas religiosos. O inconsciente freudiano tomou lugar entre as ciências humanas e sociais de modo notável: não veio simplesmente "adicionar-se" à soma das descobertas que, menos ou mais naturalmente, menos ou mais pacificamente, tomam lugar no interior do *corpus* dessas ciências – ele está situado no lugar de uma ausência, de um furo na cultura que diz respeito à questão do "sexual" e, devido a isso, sua inserção é sempre problemática. De fato, essa ausência do "sexual" na cultura não ocorria por acaso, mas devia-se à ação, executada com sucesso, do que Freud nomeia como o processo de recalque, que nada tem a ver com a repressão, e do qual uma das funções é civilizadora, no sentido de que esse processo é articulado ao princípio de realidade, que impõe ao homem a não satisfação imediata de suas pulsões sexuais. Dito de outra forma, o pensamento sobre o inconsciente de origem sexual não preenche um vazio na cultura; Freud teve a ambição de colocar em questão os próprios fundamentos dessa cultura e de assumir os riscos por essa atitude.

Nesse procedimento, ele foi levado a sério por inúmeros pensadores ou cientistas; esse é o melhor testemunho em favor da influência qualitativa de seu pensamento. Karl Popper, epistemólogo, teórico de ciências, reprova à psicanálise não ser científica porque é "infalsificável" (isto é, não se pode demonstrar que ela é falsa); Einstein fala com Freud sobre a questão da paz e da guerra; Sartre dedica uma importante seção de *O ser e o nada* para justificar sua rejeição da psicanálise; e Lévi-Strauss, antropólogo, dialoga com ela.

Em outros lugares, seu pensamento enriqueceu ou mesmo fecundou movimentos culturais como o surrealismo, em particular na França. Nesse país, o surrealismo de Breton desempenhou um papel de difusão da psicanálise bem antes que ela penetrasse nos meios médicos do pós-Primeira Guerra Mundial, hostis devido à estreiteza de espírito, conservadorismo, chauvinismo e, talvez, anti-semitismo. Pintores surrealistas como Magritte, Delvaux, Dali, Tanguy, claramente sofreram sua influência. Se na França a penetração cultural do freudismo se fez contra os círculos médicos[3], o mesmo não ocorreu na Alemanha, na Áustria ou nos países anglo-saxões. Nesses lugares, a psicanálise foi inicialmente contestada ou aceita como práxis, como terapêutica das neuroses, como método de tratamento pertencente a uma disciplina médica particular, a psiquiatria.

Alguns médicos estavam prontos para interrogar a psicanálise, sob a condição de que fosse provado que ela era eficaz na terapêutica dos sintomas neuróticos. Apesar disso, a psicanálise não podia se integrar facilmente no corpo doutrinal psiquiátrico, pois este continuava fundado numa barreira tranqüilizadora entre o normal e o patológico, entre o médico, de um lado, e o paciente, de outro. Ora, Freud, tomando seus próprios sonhos como terreno de investigação clínica, havia se designado como doente virtual; ele considerava, de fato, que as observações ou conclusões que retirava da análise de seus sonhos e de outras produções do inconsciente – esquecimentos, lapsos,

---

3. Cf. E. Roudinesco, *Histoire de la psychanalyse en France*, Paris, Seuil, 1986. [Ed. bras.: *História da psicanálise na França*, Rio de Janeiro, Jorge Zahar, 1989.]

atos falhos – eram válidos para os neuróticos. Da mesma forma que o recalque do lugar do "sexual" é um dos fundamentos da cultura, a ultrapassagem da identificação do médico ao doente é uma das finalidades da formação dos psiquiatras. Isso significa que a posição de Freud, que se identifica ao paciente, pôde parecer escandalosa aos olhos de alguns. Todavia, a psicanálise como prática mostrou-se fiável para livrar os sujeitos das obsessões, das fobias, das conversões histéricas, do cortejo de sintomas neuróticos: era o único método que explicava e curava as neuroses. Foi uma revolução num campo da medicina no qual não existia praticamente nada fora da hipnose e da sugestão, sendo que os outros métodos freqüentemente nada mais eram que quebra-galhos ou tratamentos que lembravam a medicina dos tempos de Molière...

Entretanto, um campo importante parece escapar à influência freudiana: o das ciências da natureza, e em particular a biologia. A biologia moderna prescinde totalmente das idéias freudianas. Isso não quer dizer que Freud não tenha tido intuições científicas, como aquela da unidade da libido, por exemplo, ou que não tenha desejado fazer da psicanálise uma ciência da natureza, mas o fato aí está: a descoberta psicanalítica nada levou à biologia. Mesmo que, contrariamente ao que acaba de ser dito, as últimas descobertas sobre o funcionamento da memória, sobre o cérebro, pareçam confirmar a existência de um inconsciente, convém, no momento, continuar a pensar que o inconsciente, tal como Freud o delimitou, não pode ser sobreposto ao inconsciente dos neurologistas ou dos especialistas das neurociências.

Freud não inventou a noção de inconsciente[4], mas tornou-o uma noção bem precisa. Essa noção tem uma

---

4. H. Ellenberger, *Histoire de la découverte de l'inconscient*, Paris, Fayard, 1994.

história muito antiga; da mesma forma que há o Deus dos filósofos, o dos teólogos, o dos crentes, talvez haja o inconsciente dos neurologistas, o dos cientistas e o dos psicanalistas, que seria o inconsciente freudiano propriamente dito. Mesmo que os conceitos freudianos sejam de pouca utilidade para a biologia, nada indica que será sempre assim, e sobretudo nada leva a crer que haverá uma incompatibilidade entre as descobertas biológicas e os fundamentos da psicanálise.

O pensamento de Freud difundiu-se e inúmeros de seus conceitos, revistos ou deformados, fazem parte da linguagem corrente, por exemplo: "complexo", "inconsciente", "recalque" ou "libido". Esse fato de discurso teria ficado isolado, teria passado de moda caso não se tivesse transformado num fato social. Na maior parte dos países ocidentais, os pais atualmente falam sobre a educação de seus filhos de uma outra maneira, e as crianças de hoje se sentem autorizadas a "falar", até no rádio, sobre a relação com seus pais, sobre sua sexualidade, sobre educação – território no qual também é legítimo interrogar-se sobre a influência do pensamento freudiano.

O direito não escapa a essa influência. Tomemos dois exemplos: o direito de família, no qual a jurisprudência tendeu, durante anos, a favorecer o pai de fato de uma criança em relação ao pai biológico, e o direito penal, no qual o direito positivo integra atualmente a idéia de um tratamento psicológico de certas personalidades desviantes ou anti-sociais. Assim fazendo, os militantes do direito retomam a distinção freudiana entre normalidade, por um lado, noção estatística que permite nomear os desvios para eventualmente sancioná-los, mas noção estatística, e, por outro lado, função normativa, noção mais dinâmica, que abre para uma concepção mais evolutiva da personalidade.

A psicanálise agora permite e serve de referência a um modo de comunicação pública ou social, seus conceitos agem como um código que torna inteligíveis e transmissíveis gestos, atos, comportamentos que são encontrados por todos em sua vida social ou familiar. Mas a influência de Freud não se limita a uma possibilidade de troca entre indivíduos ou grupos graças a um discurso anteriormente desconhecido. De fato, a troca modifica os comportamentos e, em particular, os comportamentos educativos.

Conceitos derivados de Freud também florescem no campo da empresa, da gestão dos recursos humanos à comunicação entre os diferentes atores econômicos, em particular a publicidade: basta que, sob determinado prisma, um comportamento social ou educativo seja indexado positivamente para ser retomado por alguns como normal, ideal, ou, no caso contrário, em que a opinião seja negativa, para o comportamento ser considerado anormal.

Freud nos deu conceitos como o fantasma, o eu ideal ou o ideal do eu que, transpostos para fora do quadro da cura analítica, conservam sua pertinência, em particular para compreender o comportamento das multidões. Alguns publicitários usaram, às vezes sem sabê-lo, outras vezes com total conhecimento de causa, os conceitos freudianos ou derivados do freudismo a fim de otimizar o impacto da comunicação publicitária, "mirando" um público determinado, por exemplo, as mulheres ou as crianças. Há cerca de trinta anos, Serge Moscovici publicava *La Psychanalyse, son image et son public*[5], livro em que estudava, à luz dos métodos da sociologia moderna, a influência da psicanálise e os limites dessa influência sobre

---

5. S. Moscovici, *La Psychanalyse, son image et son public*, Paris, PUF, 1961 (2. ed. em 1976).

os diferentes grupos sociais da França das décadas de 1950 e 1960. Na França, em particular a partir dos "acontecimentos de maio de 68", no decorrer dos quais o *slogan* "imaginação no poder" floresceu, o pensamento freudiano conheceu um novo impulso.

Esse impulso deveu-se à potência de evocação do inconsciente: sonhadores acordados esperavam liberar o fantasma, deixar falar livremente o recalcado, unir-se, com Marcuse, Marx e Freud, numa espécie de reconciliação edênica do indivíduo e do coletivo...

Essa recuperação do interesse também é devida à personalidade e ao trabalho de Jacques Lacan, que permitiu, dentro daquilo que chamou de seu "retorno a Freud", atualizar certos conceitos, renovando o diálogo com os especialistas das ciências afins: lingüistas, etnólogos, etc. No final da década de 1970, essa renovação do freudismo não é somente interna à psicanálise, mas faz desta um ponto de passagem obrigatório para inúmeros intelectuais e pesquisadores que vêem suas disciplinas utilmente questionadas pelas proposições de Lacan.

Ao mesmo tempo, a psicanálise sai de sua confidencialidade relativa pela influência de uma outra grande personalidade, Françoise Dolto, que deixa seu consultório de analista para responder às questões dos auditores, pais, educadores, crianças, psicólogos, pedagogos, de todos, por ocasião das célebres emissões de rádio. O público da psicanálise amplia-se. Elisabeth Roudinesco[6] descreveu muito bem esse processo: a uma ampliação da oferta corresponderá uma ampliação da demanda. Inúmeros pais ou pessoas encarregadas de crianças irão se beneficiar ou fazer as crianças se beneficiarem desse saber; as consultas nas quais se recebem crianças vão

---

6. E. Roudinesco, op. cit.

canalizar essas novas demandas e a psicoterapia torna-se a resposta privilegiada para qualquer espécie de dificuldades familiares, sociais ou puramente escolares.

A partir da metade da década de 1980, uma nova situação se cria com dois fenômenos emergentes: uma oposição à supremacia da psicanálise, a perda de influência relativa de Freud nas esferas intelectuais, e o desenvolvimento de métodos terapêuticos que não mantêm senão uma relação longínqua com Freud, ou então nenhuma relação, como as terapias chamadas "comportamentais cognitivas". Esses fenômenos emergentes beneficiam-se de fatores estruturais, tais como o desenvolvimento da ciência e da técnica, a redução da política de "Welfare" no Ocidente (o recuo do Estado-Providência*), a supremacia da lógica contábil em todos os campos, com suas exigências de controle e de eficácia, que causa uma degradação relativa da imagem dos psicanalistas no público. A despeito desse movimento de regressão perceptível em todos os cantos do Ocidente, podemos falar do "sucesso" de Freud no século XX.

Esse sucesso é particularmente surpreendente devido ao fato que o próprio Freud chamou de "resistências à psicanálise". Freud escreveu muito mais sobre os momentos de insucesso e de solidão atravessados por ele que sobre os anos de celebridade e de glória. Esclareceu-nos, assim, sobre as múltiplas facetas desse fenômeno.

É claro que seu pensamento não encontrou aprovação num primeiro momento, nem nas esferas médicas, nem nas esferas científicas, mas esse é um fenômeno banal: inúmeros pensadores, escritores, artistas ou pesquisadores encontraram muito mais oposição que Freud. Pensemos, por exemplo, nos pintores impressionistas suscitando

---

* Estado protetor, Estado do bem-estar social. (N. T.)

a unanimidade contra si no fim do século XIX, ao passo que, atualmente, são a glória de todos os grandes museus do mundo; ou, num terreno bastante diferente e na mesma época, em Kantor, o matemático, que se debateu com a não aceitação de suas proposições pelos colegas, levada a cabo com tal intensidade que jamais saberemos se esse obstáculo imposto pela comunidade de matemáticos não contribuiu, em parte, para seu fim trágico, mergulhado na doença mental.

Há, sem dúvida, pesquisadores e artistas que rapidamente se tornaram célebres, mesmo que suas descobertas ou obras não tenham sido acadêmicas ou consensuais, mas, em geral, trata-se de exceções sublinhadas pelos historiadores.

É impossível estabelecer objetivamente o que foram as resistências que o pensamento de Freud encontrou entre 1895 e 1910. De fato, durante esses anos, os protagonistas não tinham um interesse especial em conservar testemunhos para o futuro. Entretanto, uma vez sedimentada a celebridade de Freud, só subsistirão oponentes radicais ou discípulos, preocupados sobretudo em fazer um relato místico do nascimento da psicanálise glorificando seu herói. Evidentemente, perduram, aqui e ali, alguns testemunhos mais destacados, provenientes de pessoas menos tomadas pelas paixões, mas suas declarações são, muitas vezes, fragmentárias e, pelo próprio fato de sua distância, permanecem paradoxalmente pouco convincentes, como se a ausência do emprego da subjetividade, longe de dar uma visão melhor sobre a polêmica, se oferecesse como uma resistência não confessada.

De fato, entre Freud, de um lado, e aquilo que ele considerava um campo adverso ao seu pensamento, isto é, no essencial um conjunto heteróclito de médicos, cientistas especializados em neurofisiologia ou neuropatologia e de psiquiatras, a disputa não era somente de natureza científica ou médica, no sentido, por exemplo, de interpretações divergentes de fatos observáveis, mas dizia também respeito ao lugar dado à consciência no funcionamento psíquico e ao papel atribuído à sexualidade na patologia neurótica.

O que diz o próprio Freud, o primeiro interessado e o primeiro engajado nessa questão das resistências suscitadas pelo seu pensamento?

Ele deixou vários testemunhos esparsos a respeito do acolhimento que sua doutrina recebeu no início de sua carreira de psicanalista, mas notamos, principalmente, de seu punho, uma apresentação[7], publicada em 1925, isto é, em plena glória. Creio que convém ler esse texto como um relato subjetivo, e não como um trabalho científico de historiador. Freud confessa ter vivido mal os anos de solidão que teve de atravessar, mesmo que pretendesse que sua qualidade de judeu, isto é, de alguém pertencente a uma comunidade que ficou muito tempo isolada nos guetos, o predispunha a suportar melhor o isolamento que a média dos humanos. Entretanto, seu relato é muito problemático, pois ele induz à idéia de uma "travessia do deserto" ligada à defecção, à resistência dos outros e não ao caráter solitário do empreendimento freudiano.

Segundo algumas informações trazidas à luz por Sulloway[8], Freud foi levado a exagerar a intensidade das oposições ao seu pensamento. Como interpretar esse exagero? Alguns autores, dentre os quais o próprio Sulloway, vêem aí uma vontade de Freud de se apresentar como um herói, quase mártir da causa psicanalítica, antes que esta triunfasse.

---

7. S. Freud, *Sigmund Freud présenté par lui-même*, Paris, Gallimard, 1984.
8. F. J. Sulloway, *Freud, biologiste de l'esprit*, trad. franc. J. Lelaidier, Paris, Fayard, 1981.

Na verdade, esse mito do herói não se encontra no próprio Freud, mas sim em seus discípulos; ele transparece muito claramente na biografia de Freud escrita por E. Jones[9], apesar do desejo expresso do autor de ser o mais objetivo possível. Admitamos o seguinte: se Freud exagerou sobre as oposições é porque as viveu como obstáculos ao seu desejo; essas réplicas descobriam, encarnavam suas próprias resistências internas às suas descobertas, ao seu desejo; os antagonismos dos círculos médicos, por exemplo, muito compreensíveis em relação ao caráter desnorteante das proposições de Freud, materializavam suas próprias resistências em deixar o campo das referências médicas clássicas.

Freud não foi atormentado somente pela verdade – à maneira de um filósofo, de um teólogo ou mesmo de um profeta –, ou pela exatidão de suas teorias – como um cientista –, mas também pelo reconhecimento de seu desejo. Ora, posteriormente, Freud explica que o reconhecimento de um desejo é a chave de todo sonho, mesmo do pesadelo; é por essa mesma razão que os anos de solidão são mais comparáveis a anos de pesadelo, no qual o desejo incita, se afirma, mas no qual toda oposição é vivida como uma censura que impede seu reconhecimento. Da mesma forma que um sonho só é reconhecido se for levado a sério pelo sonhador e se for contado, uma teoria só é reconhecida se for discutida, transmitida, e posta em questão.

Além disso, o reconhecimento social raramente é obtido quando passivamente esperado: ele é arrancado, imposto aos outros, um pouco como uma revelação. As razões que levaram Freud ao sucesso permanecem

---

9. E. Jones, *La Vie et l'œuvre de Sigmund Freud*, Paris, PUF, 1958-1969, 3 vol. [Ed. bras.: *A vida e a obra de Freud*, trad. Júlio Castañon Guimarães, Rio de Janeiro, Imago, 1986.]

misteriosas. Seus primeiros discípulos jamais deram explicações muito pertinentes ou convincentes quanto à adesão deles à sua doutrina e que pudessem nos esclarecer sobre a saída dos anos de solidão. Então como encontrar razões, se não de um sucesso, ao menos de uma influência crescente de Freud? Sem dúvida, é preciso buscá-las na própria descoberta freudiana.

Freud via sua descoberta como uma fantástica operação de descentramento que vinha depois daquelas de Copérnico – a Terra não é o centro do universo – e de Darwin – o homem nada mais é que o resultado de uma evolução. Freud descentrou o homem que se encontrava sobre o eixo de seu "eu" e de sua consciência. Freud nos diz que, em sua maior parte, o psiquismo é inconsciente, e, mais ainda, que uma grande parte do eu também o é. Mas ele não só operou uma subversão, uma desestabilização da imagem que o homem fazia de si mesmo: por suas descobertas, ele falou desse homem, falou a esse homem em termos que poderíamos simular assim: "A imagem que você tem de si mesmo e da qual tem orgulho nada mais é que engodo e desconhecimento, mas em você jaz uma instância ou um sujeito ligado ao sexual que é único e que, por menos que você lhe dê a palavra, longe de entranhá-lo na loucura, irá lhe mostrar a via de seu desejo". Tal seria a mensagem freudiana.

Essa mensagem tão profundamente inovadora encontrou o homem moderno não só em busca da verdade, do progresso e da liberdade, mas também do reconhecimento de sua subjetividade.

No século XX a verdade não é mais revelada: a ciência e a filosofia atingiram profundamente as religiões oficiais; o homem do século XX é de algum modo órfão de Deus e alguns dizem até mesmo abertamente que Deus está morto. Para muitos, essa constatação suscita uma falta. A mensagem freudiana, que situa a verdade simultaneamente no particular de cada um, de sua história, e na experiência da cura analítica, afirma o caráter mascarado do homem, censurado sob o efeito do recalque. Claro que a afirmação freudiana do lugar da verdade não é a de um esoterismo; entretanto, muitos viram na psicanálise a possibilidade de aplacar sua sede de espiritualidade ou de profundidade, pois há nela a promessa de um ganho de saber, quase de uma iniciação a um outro saber. Provavelmente, a psicanálise substituiu, para algumas pessoas, a função da religião, não – como se diz freqüentemente – substituindo a confissão, mas na promessa de verdade que faz e que se interpretou num sentido religioso.

No sentido inverso, os racionalistas, os ateus, os materialistas, tão numerosos no século XX, também puderam defrontar-se com a mensagem freudiana, pois Freud sempre insistiu sobre o caráter racional de suas asserções. Por exemplo, dentro do que considerava uma de suas obras maiores, *A interpretação dos sonhos*, ele recusa implicitamente qualquer idéia de "chave dos sonhos". Freud sustenta que o sonho é a realização de um desejo de um sonhador singular e não pode ser interpretado senão pelas associações deste, e não por uma ciência do simbolismo. É claro que existem sonhos típicos, símbolos recorrentes na linguagem onírica, mas o rébus do sonho é incompreensível sem as associações do próprio sonhador. Da mesma forma, quando Freud afirma que o sonho é a via real para o inconsciente, não se deve ver nenhuma alusão a uma profundidade qualquer da alma à qual o sonho daria acesso, mas uma afirmação de que o sonho é uma formação típica do inconsciente, de que o processo primário – processo que funciona no inconsciente – trabalha o pensamento para fazer o amálgama de imagens e de texto, esse rébus em que precisamente consiste o sonho.

O sonho não é o caminho pelo qual o mistério do inconsciente primário se revelaria, mas a via pela qual o desejo inconsciente singular do sonhador se confessa numa linguagem deformada, censurada e aparentemente incompreensível sem o método de interpretação psicanalítica, que permanece fundado em leis racionais, tais como a livre associação.

Freud não somente pretendeu que a psicanálise deveria tomar seu lugar no quadro das ciências da natureza, mas deu um lugar fundamental à clínica, isto é, aos resultados de sua práxis com os doentes. Ora, a observação clínica, como mostrou Foucault[10] em seu livro *O nascimento da clínica*, está no âmago da mutação da medicina para a ciência médica. Freud advém dessa ciência médica, mas, longe de fazer do psicanalista um observador frio e desinteressado, ou humano e fraternal, faz dele um ator terapêutico particular que trabalha, fato inesperado em medicina, com sua própria subjetividade. Essa abordagem, que se afasta da ciência médica ao dar um lugar privilegiado à subjetividade, encontra o homem moderno atormentado entre seu desejo de poder se reconhecer como sujeito, e não simples objeto de uma doença, e seu desejo de se beneficiar dos progressos da ciência que, entretanto, tendem a anular essa subjetividade em proveito de uma objetivação patológica, condição prévia de um tratamento apropriado.

Mas, se a mensagem freudiana foi ouvida, é porque ela também fala ao homem moderno em sua busca de liberdade. A neurose – é a regra – o aprisiona; há na psicanálise uma promessa de liberdade. Lacan teria definido a saúde mental como sendo "passar a outra coisa", o que é

---

10. M. Foucault, *La Naissance de la clinique*, Paris, PUF, 1963. [Ed. bras.: *O nascimento da clínica*, trad. Roberto Machado, Rio de Janeiro, Forense Universitária, 1987.]

também uma definição muito boa da liberdade. Ora, o homem moderno, cada vez mais asfixiado por coerções sociais, econômicas e políticas, tem uma aspiração à liberdade que faz eco à mensagem de Freud. É claro que esse conceito é problemático; o próprio Freud atenuou, depois de 1920, o alcance da liberdade oferecido pelo tratamento psicanalítico, porém jamais renunciou a essa idéia: a psicanálise conduz à via da liberdade, concebida não como liberação, mas como responsabilidade na conduta de sua existência.

Alguns psicanalistas "jansenistas" contestam a própria idéia de liberdade como sendo incompatível com o inconsciente e seu determinismo... mas trata-se de uma questão de definição, pois todos concordam num ponto: espera-se, de uma cura analítica, ser mais livre em sua vida, em suas relações com os outros, em suas escolhas profissionais ou sentimentais. Ora, essa expectativa de liberdade é a do homem moderno do século XX, e às vezes se assimila com a idéia de felicidade. Antes de Freud, o homem moderno fazia a si mesmo uma representação de sua situação, em relação ao seu desejo, como aquela de uma dualidade que devia ser combatida, espírito contra corpo, moral contra pulsão, com a esperança de atingir uma unidade estável. Freud pensa que a pulsão sexual não é verdadeiramente educável: o homem deve renunciar a uma unidade perfeita. Ele concebe a situação do homem mais como uma divisão que como uma dualidade. Segundo Freud, o homem permanece dividido, é seu destino trágico; essa divisão não é exata, deixa um resto que é não só o preço a pagar por entrar na civilização – e a cura se esforça para reduzir seus efeitos –, mas, ao mesmo tempo, paradoxalmente, é aquilo que sustenta o desejo.

A divisão do homem é passível de ser mobilizada, é dialetizável, pode deslocar-se sob o efeito da palavra, de onde o ganho de liberdade. Os entraves ao desejo podem tornar-se menos árduos, os interditos menos inibidores, e é não somente a liberdade, mas a responsabilidade que se amplia. Podemos substituir o recalque brutal, produzido pela neurose infantil, por um jogo de liberdade com as pulsões sexuais que apazigua a angústia e libera o sujeito de alguns impedimentos, sem que jamais possa ser colocado um termo a essa divisão que é constitutiva do homem, ser falante, ser sexuado, mas sobretudo ser mortal. A divisão é uma das figuras da finitude do homem. Freud propõe ao homem moderno voltar a encenar, na idade adulta, os mecanismos de sua divisão; não se trata de pautar sua dualidade com vistas a um além prometedor, mesmo terrestre, mas de exilar-se temporariamente de sua história infantil, que produziu seus sintomas, para fundar seu desejo em bases menos vulneráveis e menos estrangeiras. De fato, Freud nos ensina que o homem se tornou estrangeiro à sua história recoberta pela amnésia da sexualidade infantil.

Se o pensamento de Freud veio ao encontro ou antecipou as aspirações do homem moderno, não deixou de suscitar resistências entre seus contemporâneos. Muito cedo, Freud evocou as resistências que o público opôs às suas descobertas. Numa carta a Fliess, datada de 16/3/1896, escreve: "No conjunto, não estou descontente com meus progressos, mas a hostilidade de que me dão testemunho e meu isolamento bem poderiam fazer supor que descobri as maiores verdades".[11]

Freud, em parte, associou as resistências que o público manifestava com as resistências dos pacientes, que impedem o desvelamento do recalque e atrasam a cura. No

---

11. S. Freud, *La Naissance de la psychanalyse*, Paris, PUF, 1956, p. 143; G. Moussaief Masson (org.), *Freud/Fliess, Correspondência completa*, Rio de Janeiro, Imago, 1986.

decorrer do tempo, a noção de resistência refinou-se e Freud veio a distinguir cinco formas de resistência na cura, mas não evoluiu sobre o seguinte ponto: as oposições à sua doutrina dizem respeito a um mecanismo de resistência. Ele emitiu até a hipótese de que o cerne da resistência provinha do fato de que ele havia infligido um "vexame psicológico" ao homem, despossuindo-o de sua imagem de domínio pela consciência.

Essa posição de Freud é notável sob mais de um ponto de vista; aparenta-se mais à de um idealista, ou mesmo de um fanático, que à de um cientista. Um cientista não descobre "as maiores verdades", mas descobre novas leis, eventualmente suscetíveis de colocar em perigo as idéias que se faz, em uma dada época, da verdade, enquanto Freud se representa sua descoberta como dizendo "as maiores verdades". O grau de hostilidade que o exterior lhe manifesta lhe parece refletir a importância de suas descobertas, um pouco como estabelecerá a proximidade do desvelamento do recalque com o reforço das resistências manifestadas por um paciente. Poderíamos assim resumir a hipótese de Freud: quanto mais se manifesta hostilidade ao que digo, mais isso é o testemunho de que digo a verdade – convicção interpretativa que não o abandonará durante toda a evolução de seu pensamento.

Ora, essa hipótese só é compreensível se a ligarmos ao próprio procedimento de Freud. É um procedimento solitário que, é claro, se apóia num *corpus* teórico preexistente, o trabalho clínico com seus pacientes, mas baseando-se sobretudo em suas próprias manifestações clínicas, em particular nos seus próprios sonhos. Ele não se considera fundamentalmente diferente dos outros, e decide tomar suas próprias hostilidades em relação às suas descobertas como material clínico. Mostrando-se, a ele mesmo, como o primeiro lugar da resistência, explora uma via original. Apenas depois de ter ultrapassado algumas resistências internas às suas próprias descobertas é que ele compreenderá não só o mecanismo das resistências de seus pacientes, mas também a hostilidade do mundo exterior.

Mais tarde, Freud indicará que um psicanalista em geral – e ele próprio em particular – não pode ir além do que seus próprios complexos e resistências internas lhe permitem.[12] Dito de outra maneira, as resistências existem não somente do lado do paciente, mas também daquele do analista. A partir de 1920, Freud sublinha a importância de um núcleo irredutível de resistência, que ele chama de "compulsão de repetição".

O que deve ser retido aqui do procedimento freudiano é a inter-relação que ele descreve entre as resistências internas do analista, as resistências do paciente e as resistências do mundo exterior. Claro que elas não são da mesma ordem, que cada uma tem seu lugar; entretanto, podemos dizer que, para Freud, a questão das resistências à psicanálise é uma questão que afeta todos os protagonistas, no sentido de que ela é inerente à psicanálise.

Numa coletânea publicada em francês sob o título de *Les cinq psychanalyses*, ele tornou públicas cinco observações clínicas: três são fragmentos de cura, uma corresponde a um trabalho clínico efetuado com uma criança através do pai dessa criança, e a última é um trabalho sobre um escrito. A propósito dessas três curas assim tornadas públicas, podemos falar de insucessos.

Quando Freud publica essas observações, talvez não tenha o claro sentimento de que se tratam de insucessos, mas em cada uma delas aparecem pontos intransponíveis, obstáculos que tornaram o prosseguimento do trabalho impossível.

---

12. S. Freud, *La Technique psychanalytique*, Paris, PUF, 1953, p. 27.

Habitualmente, no mundo científico, não se publicam os insucessos, mas somente os resultados positivos, pois a publicação é o coroamento de um trabalho; claro que se pode dar a conhecer os resultados intermediários parciais, mas não os insucessos. O procedimento de Freud é completamente diferente: ele sempre considerou seus trabalhos como fonte de ensinamento, justamente pelo fato de que sublinhavam suas próprias resistências à psicanálise, ao inconsciente. Tentou-se explicar o fato de Freud publicar resultados discutíveis devido à sua honestidade intelectual ou à sua notável franqueza intelectual. Essa explicação parece redutora e pouco convincente. De qualquer forma, um grande número de autores se debruçou sobre as *Cinco lições de psicanálise* e delas tirou ensinamentos extremamente preciosos para a prática e a teoria psicanalítica. Muitos emitiram hipóteses, às vezes muito audaciosas, sobre as razões da interrupção dessas curas e, na maior parte das vezes, trouxeram à luz os limites do próprio Freud. Convém aqui marcar um ponto essencial: para Freud, o reconhecimento de seu pensamento, de suas descobertas, não exigia que publicasse resultados 100% positivos, convincentes, como o fazem os novos produtos farmacêuticos, mas atinha-se principalmente ao interesse que seu procedimento e os meandros de sua própria trajetória suscitariam. Freud não pedia ao seu leitor que se deixasse convencer sobre o bom fundamento de seu método pela simples leitura de suas conclusões, dos sucessos terapêuticos, mas que se interessasse pelo próprio procedimento, pela ética subjacente a esse procedimento.

É claro que em outras publicações Freud também deu a conhecer fragmentos de cura que foram bem-sucedidas, o que nem por isso significa que o procedimento de transmissão da psicanálise, por escolha ou necessidade, seja uma conduta habitual no meio médico.

Longe de suscitar hostilidade, ou até mesmo sarcasmo, essas publicações provocaram, em sua época, um interesse científico. As *Cinco lições* foram publicadas entre 1909 e 1918. Freud teve muito cuidado em indicar que esperou vários anos depois do fim das curas para redigir esses fragmentos e publicá-los. Entretanto, é provável que na própria época das curas ele tenha sentido a necessidade de escrever sobre esses casos clínicos – embora sua elaboração não estivesse madura – e, num momento posterior, de redigi-los. Por exemplo, é no trabalho de elaboração da cura do "homem dos lobos" que Freud conceberá uma visão nova do fantasma, conceito que já usava há muito tempo, afinando a distinção entre a realidade material das cenas contidas no fantasma e a realidade psíquica das cenas.

Pode-se imaginar, por exemplo, que o fato de não compreender a diferença entre realidade psíquica e realidade material de um fantasma constituísse uma resistência do analista que entravaria o bom desenvolvimento da cura. Freud desejou que esse momento particular da evolução de seu pensamento fosse ilustrado por um caso clínico. Dito de outra forma, ele quis que seu pensamento se difundisse tanto pela exposição dos modelos que construía quanto pela transmissão da constituição de seus modelos. As *Cinco lições* não são de forma alguma reservadas a um público especializado: qualquer pessoa, com certo esforço, é claro, pode perfeitamente ler essas observações clínicas. Elas ensinam muito mais sobre o pensamento e o procedimento freudianos que muitos escritos puramente teóricos.

Outro ponto que deve ser precisado: as resistências públicas à psicanálise que se manifestaram nos primeiros anos do século XX não são necessariamente sentimentos negativos. De fato não saberiam sê-lo, se seguirmos a técnica freudiana: a hostilidade nada mais é senão uma das figuras sob as quais se manifestam as resistências.

A partir do fim da Segunda Guerra Mundial, a psicanálise difundiu-se consideravelmente no mundo ocidental e, por meio do próprio Freud, atingiu níveis inesperados em algumas esferas da sociedade, a ponto de alguns sociólogos falarem de "sociedade freudiana". Então, o que pensar das resistências? As resistências teriam miraculosamente desaparecido, a sexualidade infantil seria admitida por todos? O inconsciente seria banalizado? A psicanálise está nas ruas, disseram... mas será que por isso as resistências à psicanálise pertenceriam definitivamente a uma época passada, puritana, reacionária e conservadora?

Certamente não, e a resposta a essa questão não é simples, mas podemos afirmar que as resistências à psicanálise e à influência de Freud não desapareceram.

Em primeiro lugar, há setores inteiros da sociedade que persistem em se opor à influência de Freud, seja por convicção moral ou religiosa, seja por razões filosóficas ou científicas. Essas formas de recusa da psicanálise são clássicas e, mesmo que evoluam em suas manifestações ou argumentações, vão, até certo ponto, ao encontro das manifestações de hostilidade que Freud já havia observado nos primeiros anos de sua descoberta. Notemos que, se não são novas, seus defensores não se consideram desacreditados de uma vez por todas só porque os guardiões da herança, armados do vocábulo "resistência", os estigmatizam como refratários à verdade freudiana. É preciso acrescentar que algumas teorias antifreudianas colocam questões extremamente pertinentes, por exemplo a cientificidade da psicanálise e a modalidade de apreensão da moral na avaliação dos resultados de uma cura. Trataremos essa questão no capítulo dedicado às correntes antifreudianas.

A resistência à psicanálise mudou de forma. Curiosamente, ela se manifesta hoje em dia sob a forma de amor pela psicanálise. Aqui ou ali ela foi adotada e sua influência atinge tal nível que se faz que desempenhe o papel de uma concepção do mundo, precisamente o que Freud sempre havia recusado. Para ele, a psicanálise *não é* uma concepção do mundo e deve se distinguir absolutamente da religião e da filosofia; além disso, ele opunha sua doutrina, que havia chamado de "metapsicologia", à metafísica.

Então, como compreender que, para algumas pessoas, a psicanálise continue, apesar disso, capaz de explicar tudo ou quase tudo? Que ela se torne uma superciência, ou um superconhecimento, uma metalinguagem capaz de dar a palavra final sobre qualquer outra técnica científica? Como não ver, de fato, por trás de toda teoria um fantasma a ser analisado, atrás de toda obra de arte fixações sexuais infantis? Nada resiste à desconstrução freudiana, ou melhor, pseudofreudiana, pois se trata aí, na maior parte do tempo, de um procedimento pobre – e sobretudo redutor.

Pode-se falar de uma verdadeira deriva, mas que não é, longe disso, privilégio somente dos psicanalistas. É claro que estes participaram da difusão disso que se pode chamar de um "idioleto", mas muitos escritores, sociólogos, jornalistas e pedagogos também contribuíram para esse fenômeno prejudicial a todos, desenvolvendo uma linguagem "psi" que reduz toda a complexidade psíquica a algumas idéias preconcebidas, que intimida e exaspera todos os refratários. Essa língua "psi" em muito contribuiu para fixar certa imagem arrogante da psicanálise na sociedade americana e na sociedade francesa.

Com freqüência, o "poder dos psi" é denunciado nas mídias; coloca-se em questão o uso abusivo dos conceitos freudianos, mas sem que essa denúncia finalize numa análise verdadeiramente séria do fenômeno. A difusão dos conceitos freudianos sob essa forma anárquica talvez não seja o sinal de uma ampliação da audiência da psicanálise, da democratização ou da elevação do nível cultural geral – com o que só poderíamos nos congratular –, porém o sinal de um novo fenômeno de resistência à psicanálise, ao pensamento de Freud, sob a forma de uma vacinação contra esse pensamento. Face à virulência ou à suposta virulência dos conceitos freudianos, tais como "inconsciente", "fantasma", "sexualidade infantil", a sociedade teria inventado novos mecanismos de defesa: inoculação do "veneno" em pequenas doses, mas com regularidade, a fim de provocar uma vacinação contra a psicanálise. Essa comparação com a vacina não é inconveniente: o próprio Freud, numa viagem que fez para a América, no início do século XX, teria confiado a Jung, que o acompanhava: "Eles não sabem que estamos lhes trazendo a peste".

A psicanálise, nova peste, conheceu, ainda no decorrer do século passado, uma evolução epidêmica; a linguagem "psi" se espalhou cada vez mais nas mídias, sustentada às vezes pelo conceito de *reality show*. Essa nova pornografia pode ser assimilada a um retorno das resistências, a uma vacinação contra o pensamento freudiano ou, dito de outra forma, a uma rejeição mais sutil desse pensamento.

Essa situação, porque prejudicial a uma difusão democrática da psicanálise, da práxis analítica, impõe um sério exame das condições de empréstimo dos conceitos freudianos fora do campo em que nasceram. Freud desejaria uma democratização de suas descobertas; parecia-lhe que a psicanálise, longe de decair de seu estatuto de ciência, ganharia em atingir novas camadas sociais. Parecia-lhe, sobretudo, talvez com um pouco de ingenuidade, que a psicanálise agiria na civilização, que ela poderia contribuir para apaziguar um pouco o mal-estar na civilização ou, ao menos, o mal-estar "sexual" do homem moderno confrontado a uma crise de civilização.

1
Biografia

Freud descobriu a psicanálise e dedicou a maior parte do tempo ao seu trabalho. Considerava que sua vida tinha interesse apenas pela relação com a psicanálise. Não podemos datar a descoberta freudiana, pois ela é obra de toda uma vida. Freud emprega pela primeira vez o termo psicanálise em 1896, mas não se trata aqui de uma referência suficiente para datar a descoberta.

O percurso de Freud é complexo. Alguns encontros ou algumas reflexões, ouvidas nos seus anos de juventude ou de formação, aproximaram-no mais, fizeram-no progredir mais na via da descoberta que experiências vividas na maturidade, porque despertaram nele interrogações fundamentais sobre o desejo do homem e, em particular, sobre o desejo enigmático da histérica. Por exemplo: Freud escreve em sua contribuição à história do movimento psicanalítico[1] que Charcot, Breuer e Chobrak lhe transmitiram "uma concepção que propriamente falando eles não tinham", a saber, a origem sexual dos sintomas neuróticos, e que essa transmissão era questionada por duas das três pessoas em questão; quanto à terceira, Charcot, morto há tempos, Freud está convencido de que também teria contestado.

---

1. S. Freud, *Cinq leçons sur la psychanalyse*, Paris, Payot, 1924, p. 76-77.

O que disseram essas três pessoas para colocá-lo no caminho da origem sexual das neuroses? Breuer havia falado de "segredos de alcova"; Charcot afirmou: "É sempre a coisa genital, sempre, sempre, sempre"; quanto a Chobrak, disse: "Esse mal só comporta um tratamento; nós o conhecemos bem, mas não podemos receitá-lo. Ei-lo: *Penis normalis dosim repetitur*".

Essas reflexões marcaram Freud e, mesmo que ele as tenha esquecido, elas permaneceram no âmago de uma interrogação subterrânea; ele não pôde apagá-las, pois eram portadoras não tanto de uma verdade científica, mas de uma verdade sobre seu próprio desejo, desejo de se interessar seriamente pelas histéricas. O fato de que essas reflexões tenham sido expressas discretamente e por sumidades médicas lhes conferia um caráter particular, que era o de indicar os limites dentro dos quais deveria se inscrever o desejo desses médicos. Fora desses limites só poderia se tratar de conversas de botequim, de salão ou de confidências privadas, isto é, de trocas depreciadas em relação não somente à respeitabilidade, mas sobretudo ao método científico médico. Freud parece ter compreendido bem cedo que se encontrava preso a uma alternativa terrível: renunciar ao desejo de compreender a neurose e permanecer dentro dos limites prescritos pela medicina, ou então seguir seu desejo de compreender e fazer recuar os limites dessa medicina.

A escolha com a qual Freud se confrontava não era uma escolha entre dois métodos, entre duas opções de vida, mas entre duas éticas: uma primeira solução era aceitar levar a sério os propósitos das histéricas, arriscar-se na perigosa via da elucidação do desejo e de sua origem sexual, com os riscos de loucura e de escândalos que ela comporta; para enfrentar esses efeitos, Freud pouco a pouco inventará o método psicanalítico, que começa a experimentar em si mesmo, em suas próprias formações sintomáticas, sonhos, atos falhos, sintomas neuróticos – pois essa via lhe permitia seguir aquela de seu desejo. A outra solução que se lhe apresentava era renunciar a levar as histéricas a sério, seguir o caminho traçado por seus mestres, permanecer no quadro médico e científico tradicional; aí estava uma via ética tão respeitável quanto a precedente, mas que parecia ser, para Freud, uma via de renúncia, de abdicação face às exigências de seu próprio desejo.

Freud jamais pôde esclarecer os motivos de sua escolha ou, no mínimo, seu esclarecimento permanece limitado; portanto, parece duvidoso que qualquer outra pessoa possa fazê-lo em seu lugar, mesmo que inúmeras interpretações tenham sido propostas. De toda forma, o que importa não são as razões obscuras de Freud, mas o caráter particular dessa descoberta. Toda descoberta científica, todo avanço do pensamento, em geral se faz sobre um fundo de tragédia humana, a de seu autor, e essa tragédia tem vários atos. Não há nenhuma razão para que Freud escape a essa regra, muito pelo contrário, pois nele a descoberta científica está intimamente ligada à aventura do desejo do inventor. Mas, mesmo antes de sua descoberta, Freud tinha uma história.

Numa das inúmeras cartas que escreveu à noiva, Martha Bernays, ele a informa de que queimou todas as suas cartas e notas pessoais e que, assim, não facilitou a tarefa de seus futuros biógrafos. Talvez se trate de uma frivolidade de jovem, mas essa brincadeira reflete o caráter ambicioso de Freud, sua certeza de que um dia se tornaria célebre. O futuro lhe dará razão, mas os caminhos por meio dos quais a celebridade o atingirá serão muito diferentes e muito mais tortuosos que aqueles que havia imaginado na infância e na juventude.

Freud nasceu em 6 de maio de 1856 em Freiberg, na Morávia. Hoje em dia a cidade se chama Pribor. O pai de

Freud, Jacob Freud, tinha então 41 anos e dois filhos de um casamento precedente: Emmanuel, nascido em 1832, e Philippe, nascido em 1836. Jacob tinha ficado viúvo e aos quarenta anos desposou em segundas núpcias aquela que se tornaria a mãe de Sigismund Freud, Amélie Nathanson. Freud é o filho mais velho dessa nova união, mas o primogênito de Jacob Freud já tem um filho, John, que, além de sobrinho, será o companheiro de brincadeiras de Sigismund. Assim, Freud já é tio desde seu nascimento, e frisará esse paradoxo ou, no mínimo, essa originalidade.

Freud nasceu numa família judia e seu prenome hebraico é Schlomo, Salomão em português, em homenagem a seu avô paterno, Schlomo Freud, que havia morrido alguns anos antes de seu nascimento. Seu prenome civil é Sigismund, mas aos dezessete anos ele o muda para Sigmund. Em sua auto-apresentação, escreverá: "Sendo meus pais judeus, permaneci igualmente judeu."[2] A judeidade e o judaísmo da família de Freud deram origem a inúmeros comentários, especulações e interpretações. Dentre essa multiplicidade de opiniões, às vezes contraditórias, é interessante destacar a de Marthe Robert.[3] Essa autora compara o judaísmo do pai de Freud àquele do pai de Kafka. Assim, Freud teria recebido uma mensagem paradoxal da parte de seu pai, que poderíamos resumir nestes termos: "Saia do judaísmo tradicional, mas permaneça fiel a esse judaísmo". Talvez em eco a essa suposta mensagem, possa dizer que Freud se definirá mais tarde como judeu sem Deus. Quanto à mãe de Freud, sabemos que, sem ser ortodoxa, conhecia

---

2. S. Freud, *Sigmund Freud presenté par lui-même*, op. cit., p. 14.
3. M. Robert, *D'Œdipe à Moïse*, Paris, Calmann-Lévy, 1974 [Ed. bras. *De Édipo a Moisés: Freud e a consciência judaica*, trad. Maria de Lourdes Menezes, Rio de Janeiro, Imago, 1989.]

os ritos judaicos e em particular os ritos familiares. Por outro lado, ela falava iídiche.

Os primeiros anos da vida de Freud se passaram em Freiberg; em seguida, depois de uma curta passagem por Leipzig, vão para Viena, onde a família se instala em 1860, fugindo da crise econômica. Quando alguém se engaja numa cura psicanalítica, espera retomar toda sua história familiar e, em particular, os acontecimentos de sua primeira infância. Esses acontecimentos são recobertos por uma amnésia, mas na memória, na consciência, permanece aquilo que Freud chamou de "lembranças encobridoras". Essas lembranças, geralmente em pequeno número, condensam o essencial da história psíquica do sujeito, em particular o essencial de sua história sexual. No decorrer da análise, outras lembranças surgirão, outros acontecimentos virão consolidar as lembranças encobridoras, ajudando na elucidação desses acontecimentos psíquicos. Freud, aplicando a si mesmo seu método, retomou certos episódios de sua infância, como os dois exemplos coletados de uma mesma carta a Fliess[4]: "Tudo me leva a crer também que o nascimento de um irmão um ano mais novo que eu havia suscitado em mim desejos maus e um verdadeiro ciúme infantil, e que sua morte (ocorrida alguns meses depois) tinha deixado em mim o germe de um remorso". Mais adiante, na mesma carta, ele atribui uma grande importância à visão da nudez de sua mãe, em Leipzig, quando tinha dois anos ou dois anos e meio. Inúmeras lembranças de Freud serão usadas em sua obra *A interpretação dos sonhos*; algumas são designadas claramente pelo autor, outras são reconstruídas como tais por seus próximos ou por seus leitores, pois foram disfarçadas por Freud.

Ele é um aluno brilhante e se encaminha sem tropeços para o momento crucial da escolha de uma carreira.

---

4. S. Freud, *La Naissance de la psychanalyse*, Paris, PUF, 1956.

Nenhuma pressão familiar parece ter determinado sua escolha pela medicina. Ele mesmo reconhecerá ter tido pouco gosto por essa disciplina; o que lhe interessava era sobretudo o conhecimento. Uma conferência na qual é lido um poema sobre a natureza de Goethe, ou que a ele é atribuído, determina sua escolha. Nesse texto[5], a natureza é apresentada sob os traços de uma divindade materna, todo-poderosa. Podemos imaginar que essa descrição da natureza tenha ido ao encontro do fantasma de Freud, aguilhoando seu desejo de saber; de fato, alguns traços da natureza, tal como Goethe a concebe, assemelham-se curiosamente àqueles do inconsciente freudiano.

Na universidade, Freud dirá ter sofrido a experiência do anti-semitismo. "A universidade, na qual entrei em 1873, me trouxe inicialmente algumas vivas decepções. Fui antes de tudo exposto à idéia de que, por ser judeu, deveria me sentir inferior e como se não fizesse parte da comunidade do povo."[6] Na Áustria, promulgou-se um decreto definitivo de emancipação dos judeus em 1869, mas que não foi incorporado aos modos de conduta. O Freud da escola primária e do colegial é alguém como os outros, pode aspirar às mesmas carreiras, mas na universidade encontra-se numa situação de emancipação que não existe senão formalmente. Essa experiência, afirma, aguçará nele o senso de oposição à maioria compacta, que talvez seja a origem de certa independência de julgamento.

Durante os primeiros anos de sua formação universitária, Freud vai abrir-se ainda mais para a cultura universal. Ele lê ou relê os grandes clássicos da literatura européia, tais como Shakespeare, Goethe, Schiller, etc., assiste às conferências de filosofia, as de Brentano, por

---

5. Citado por M. Robert em *La Révolution psychanalytique*, op. cit., p. 57.
6. S. Freud. *Sigmund Freud presenté par lui-même*, op. cit., p. 15.

escolha e não por obrigação. Freud sempre foi anglófilo – uma parte de sua família paterna emigrou para Manchester e ele aí esteve durante algum tempo. Seu conhecimento da língua inglesa lhe permitirá traduzir obras de Stuart Mill durante o tempo em que presta o serviço militar. Ele revelará que nessa época tinha conservado uma afeição pelos heróis de sua infância, Aníbal, Napoleão, Cromwell, Masséna.

Em 1876, entrou no Instituto de Fisiologia de E. Brücke. "Era no laboratório de Ernst Brücke que eu finalmente encontrava a paz e plena satisfação, assim como pessoas que pude respeitar e tomar como modelo: o próprio grande Brücke, e seus assistentes Sigmund Exner e Ernst Von Fleischl Marxow."[7] Brücke é um mestre, e Freud recebe dele uma sólida formação científica, uma metodologia vigorosa. Nessa época, Freud é apreciado no círculo do Instituto de Viena, produz várias publicações científicas, mas nenhuma é decisiva. Em 1882, seguindo o conselho de Brücke, e depois de ter feito os exames de medicina, ele deixa o laboratório de fisiologia e entra no hospital geral. Note-se que Freud fez um estágio de seis meses com Meynert, professor de psiquiatria. Ele fazia suas pesquisas não no campo da fisiologia, mas no de anatomia, tanto no plano experimental quanto no teórico. Ainda aí, suas descobertas não tiveram grande importância e ele não obteve a notoriedade necessária para esperar assim ganhar convenientemente sua vida.

Em 1882, conheceu Martha Bernays, de quem ficou noivo secretamente. Esse encontro foi decisivo e provavelmente acelerou as decisões que tomou sobre a carreira. Sabemos que aos dezesseis anos ele havia se apaixonado pela irmã de um amigo, Gisela Fluss, mas esse afeto não terá prosseguimento. Uma outra jovem de sua família,

---

7. S. Freud, *Sigmund Freud presenté par lui-même*, op. cit., p. 17.

Pauline, parece ter desempenhado um papel em sua vida, mas diferente. Uma parte da família de Freud, seu pai em particular, teria desejado que ele se casasse com Pauline, filha de um meio-irmão que morava na Inglaterra. Se Freud não parece ter sentido grande coisa por essa jovem, por outro lado ficou perdidamente apaixonado por Martha Bernays, com quem se casou alguns anos mais tarde. Martha provinha de uma família religiosa e aceitou o sacrifício de alguns anos de separação antes de se casar, pois a situação do futuro par não permitia considerar um matrimônio rápido. O longo noivado permitiu uma troca de correspondência na qual Freud revela muitos traços de personalidade e de caráter até então inéditos.

Freud tinha um ideal bem clássico: queria uma vida familiar bastante conformista e sua vida amorosa nunca foi atormentada. Talvez seja paradoxal que um homem que abalou, com suas descobertas sobre a sexualidade, as próprias bases da instituição familiar, jamais tenha aspirado a outra coisa senão a uma vida privada alinhada no casamento, conforme a um ideal burguês.

Freud se casou com Martha Bernays em 14 de setembro de 1886. No verão do mesmo ano instalou-se numa belíssima casa em Viena para exercer sua profissão, mas, antes, dois eventos importantes irão marcar sua vida: o primeiro é conhecido como o episódio da cocaína e o segundo é seu encontro com o grande mestre francês Charcot.

O episódio da cocaína é complexo e nele Freud se revela inventivo: ele supõe que esse alcalóide tenha propriedades importantes. Administra-o em seu colega e amigo, Fleischl, portador de um neuroma e morfinômano; no início obtém sucesso, mas rapidamente as doses devem aumentar, sem melhoria clínica estável. Freud depara-se com o revés clínico, pois a cocaína produziu efeitos secundários em Fleischl, do tipo *delirium tremens*. Apesar do mau resultado, esse episódio e esse cuidado intensivo marcarão Freud: muitos sonhos de angústia nascerão dessa ocorrência de sua vida, na qual ele se defronta com a dependência e a morte.

Por outro lado, não percebeu a única indicação médica da cocaína, a anestesia local, demonstrada por Koller, que dará a conhecer suas propriedades anestésicas. Freud precipitou-se ao superestimar as propriedades do produto e afinal não notou a questão que poderia ter-lhe oferecido a glória. Uma publicação, *Über Coca* [Sobre coca], foi feita. Esse fato, se não deve ser exageradamente realçado, é ao menos instrutivo para a compreensão do percurso de Freud. Provavelmente existe um tempo lógico para a descoberta freudiana: o jovem médico descobre coisas sob a autoridade de Brücke, segue intuições, mas ainda não está maduro para assumir uma verdadeira pesquisa; daí advém sua precipitação culpável, sua falta de rigor. Esse episódio da cocaína mancha sua reputação.

No final de 1885, Freud chega a Paris munido de uma bolsa que foi obtida graças a Brücke; ele vai trabalhar na Salpêtrière para aperfeiçoar-se no campo da patologia neurológica. Encontra, então, Charcot, de quem seguirá as apresentações clínicas. Uma nova fase se abre em sua vida: o encontro com a histeria.

A histeria era negligenciada, e até mesmo desprezada, pelos médicos, em particular pelos neurologistas. Charcot se interessa pelo problema e as histéricas eram apresentadas nas sessões clínicas da Salpêtrière. Freud observa que as paralisias histéricas não seguem dados anatômicos científicos, e respondem a uma anatomia de senso comum. Os doentes sofrem de paralisias de todo tipo; são mulheres, mas também há homens. Charcot, hipnotizando-os, faz aparecer paralisias histéricas, e depois as faz desaparecer.

A admiração que Freud sente por Charcot transparece claramente nas cartas que endereça à sua noiva: ele é um mestre para o jovem Freud. Nada é mais importante, nos anos de formação, que reconhecer os mestres; Freud se aproxima de Charcot, ousando propor uma tradução de certas obras suas para o alemão, o que é aceito. Freud é então convidado para os círculos médicos e científicos parisienses.

Em 1886, ele deixa Paris; antes de voltar a Viena, passa algum tempo em Berlim, para aprender noções de pediatria. No outono de 1886, trabalha como médico em Viena e casa-se com Martha Bernays. Nesse mesmo ano pronuncia uma conferência sobre a histeria masculina na Sociedade dos Médicos de Viena, na esperança de dar a conhecer aquilo que aprendera com Charcot. O acolhimento é glacial. Ele fará posteriormente uma nova apresentação diante dessa instituição, mas essa noite, em sua lembrança, consuma a ruptura entre ele e a Sociedade dos Médicos. Sulloway pôde provar que Freud exagerou sobre a frieza do acolhimento e que continuou a freqüentar essa sociedade, mas o que é importante nesse episódio é a impressão de rejeição que ele sentiu. Freud compreende que seguir o caminho do estudo da histeria lhe trará inevitavelmente reações hostis nos círculos médicos.

Apesar disso, é a via que seguirá. À época de sua instalação, Freud não dispunha senão de dois procedimentos terapêuticos para fazer face à demanda dos neuropatas, isto é, de todos os doentes que sofriam de uma doença de origem psíquica e não orgânica: a eletroterapia e a hipnose. A eletroterapia mostra-se inteiramente inútil; quanto à hipnose, sua prática encontra dificuldades: alguns pacientes não são hipnotizáveis e em outros os sintomas renascem regularmente. Confrontado com essa insuficiência dos meios terapêuticos, Freud se interessa pelo método da sugestão com ou sem hipnose, tal como é praticada em Nancy por Bernheim, aluno de Liebault.

Freud vai a Nancy em 1889, ficando impressionado com o método de Bernheim, e, em seu retorno, vai praticar a sugestão. Esse método consiste em fazer os sintomas desaparecerem pelo exercício de um poder de sugestão sobre o paciente. Freud está então no caminho de sua descoberta. Em 1882, tinha conhecido um médico vienense mais velho que ele, Josef Breuer. Em seus encontros, Breuer conta-lhe sobre o tratamento que havia começado com uma de suas pacientes, que se tornará célebre sob o nome de Anna O.[8]

Essa jovem tinha ficado doente depois de cuidar de seu pai moribundo. Ela sofria de vários sintomas depois dessa morte: em particular, de uma tosse nervosa muito tenaz, uma paralisia de três membros com contraturas, associadas a um duplo estado de consciência. Em algumas horas do dia a paciente era normal; mais tarde, passava a ter um comportamento anormal, depois de um período de auto-hipnose. Breuer fazia-lhe visita à noite e os sintomas desapareciam quando a paciente revelava, sob hipnose, as circunstâncias difíceis nas quais os sintomas apareceram pela primeira vez. A paciente falava em inglês, pois havia esquecido sua língua materna, o alemão, e chamou o tratamento que seguia com Breuer de "talking cure"; Freud e Breuer deram a ele o nome de tratamento catártico.

Freud apaixonou-se pelo tratamento de Breuer e apressou-se a relatá-lo a Charcot, que não manifestou nenhum interesse.

Depois de um período de inatividade, procurou novamente aprofundar a observação de Breuer. Freud chegou a convencê-lo a colaborar consigo durante vários

---

8. E. Jones, *La Vie et l'œuvre de Sigmund Freud*, op. cit., vol. 2.

anos, de 1890 a 1895, data em que publicarão os *Estudos sobre a histeria*[9], texto cujo interesse merece ser marcado. Breuer havia descoberto, sem querer, os fundamentos da cura analítica, mas parece que não quis ou não pôde explorar essa descoberta. Freud romperá com ele a partir de 1896.

É nessa época que ele ficará convencido da etiologia sexual das neuroses, em particular da histeria. No fim de 1895, Freud é *Privatdozent* – título universitário austríaco – em neuropatologia, casado, pai de seis filhos e trata neuropatas com um método novo, a análise psíquica.

De fato, Freud abandonou a hipnose. Ele começou por só colocar a mão sobre a fronte dos pacientes para sugerir-lhes que se lembrassem das circunstâncias do aparecimento dos sintomas; depois, renunciou à sugestão em proveito da livre associação, quando uma paciente lhe pediu que não interrompesse o fluxo de suas associações.

Os sete anos que separam 1895 de 1902 constituem um intervalo no decorrer do qual o destino de Freud vai dar uma virada. Dois acontecimentos que se superpõem, se entrecruzam, dominam essa época: por um lado, a relação com um otorrinolaringologista berlinense, W. Fliess, e por outro sua auto-análise.

Freud decide aplicar a si mesmo os princípios de seu método: analisará seus sonhos e buscará, por meio de associações, suas lembranças de infância. Relatará regularmente a Fliess o estado de suas pesquisas, tanto teóricas quanto de auto-análise. Em resposta, Fliess lhe fará continuamente observações. Só dispomos de algumas das cartas de Fliess; as de Freud foram miraculosamente conservadas e publicadas depois da guerra, de modo incompleto, em

---

9. S. Freud e E. Breuer, *Études sur l'hystérie*, Paris, PUF, 1956.

francês. A correspondência Freud-Fliess é o documento histórico essencial para esclarecer o nascimento da psicanálise. O próprio Freud qualificou a investigação à qual se submeteu de auto-análise. Nas cartas a Fliess ele comunica os progressos de sua técnica, mas também exprime sentimentos de desalento. Nessa correspondência ele testemunha sobre o caráter doloroso, solitário e apaixonado de sua técnica: rompeu com a ética médica tradicional, então não é mais somente o médico, mas também o paciente; a fronteira entre o normal e o patológico foi ultrapassada. Em 21 de setembro de 1897, pouco depois de ter decidido fazer uma auto-análise sistemática, escreve a Fliess: "Não acredito mais em minha *neurotica*".[10] Três semanas depois, fixa definitivamente a noção de complexo de Édipo: "Se for mesmo assim, compreende-se, a despeito de quaisquer objeções racionais que se opõem à hipótese de uma inexorável fatalidade, o efeito surpreendente do Édipo rei".[11] No decorrer dos anos de auto-análise, Freud transformará toda a sua concepção de neuroses. Abandona os conceitos de sedução e de traumatismo, ou choque sexual, para substituí-los pelas noções de fantasma e do Édipo.

Depois de um trabalho chamado *Projeto para uma psicologia científica*, que data do fim de 1895, Freud reconsiderará sua posição quanto ao substrato anatômico das neuroses.

---

10. S. Freud, *La Naissance de la psychanalyse*, Paris, PUF, 1956, p. 190. A palavra *"neurotica"* [grafada assim no original] designava a teoria do traumatismo por sedução; para o autor, até então, toda criança tinha sido seduzida pelo pai, e nessa sedução real é que seria preciso buscar a futura neurose de todo adulto. Aos 41 anos, Freud entrevê seu próprio complexo de Édipo (o que jamais tinha ocorrido com ninguém, nem mesmo com Sófocles), o que o torna apto a compreender suas lembranças de infância. Abandona então sua *neurotica*.
11. Ibidem, p. 198.

Esse *Projeto* assemelha-se a uma obra de ficção científica, etapa talvez necessária para um adeus a qualquer teoria organicista ou fisiológica das neuroses.

No início do século é publicada *A interpretação dos sonhos*, mas a obra não alcança nenhum sucesso.

Em 1910, Freud realiza seu projeto de visitar Roma. Na volta, acelera os procedimentos para tornar-se professor.

A partir de 1902, a correspondência com Fliess estanca. As relações deterioram-se e acabam por conhecer um rompimento, com uma acusação de roubo de idéias feita por Fliess.[12] Freud acusa Fliess de não ter suportado suas interpretações sobre a morte de seu pai; Fliess acusa Freud de não ter suportado as críticas e objeções que lhe fez sobre sua prática. Notemos o quanto as queixas são simétricas. A questão da etiologia sexual das neuroses, que havia aproximado Freud e Fliess, retorna como parâmetro determinante em sua oposição. Fliess tinha uma teoria sobre a periodicidade e a neurose reflexa nasal, que incluía uma concepção da bissexualidade do homem, e acusa Freud de ter roubado essa idéia. Fliess tinha intuições científicas e psicológicas, mas estavam integradas a uma teoria delirante, fato que Freud não percebeu. Como compreender tal cegueira?

Ele havia colocado Fliess na posição de alguém que é suposto saber, posição prévia para um trabalho analítico, mas também fonte de um não reconhecimento do que ocorre na transferência. Depois de 1900, Freud prosseguirá no caminho da descoberta. Isso ficará evidente na *Psicopatologia da vida cotidiana*, que introduz a noção de inconsciente freudiano e de determinismo psicológico; depois, em 1905, em duas obras maiores,

---

12. Cf. E. Porge, *Vol d'idées? Wilhelm Fliess, son plagiat et Freud*, Paris, Denöel, 1994. [Ed. bras.: *Roubo de idéias? Wilhelm Fleiss, seu plágio e Freud*, trad. Dulce Duque Estrada, Rio de Janeiro, Companhia de Freud, 1998.]

O chiste e sua relação com o inconsciente e, principalmente, em *Três ensaios sobre a sexualidade*. Esta última produção contribuirá para uma modificação do impacto da psicanálise sobre os médicos.

Nos passos que dá para ser nomeado professor, Freud encontrará obstáculos não só ligados à natureza de sua pesquisa, mas também ao anti-semitismo que reinava na Áustria no fim do século XIX.

Lueger, anti-semita notório, é nomeado prefeito de Viena. A psicanálise permanecerá ainda alguns anos confinada num gueto intelectual no qual somente judeus ousam penetrar. Nesse contexto, percebe-se a importância do encontro de Freud com K. G. Jung, não judeu, de nacionalidade suíça e aluno do grande Bleuler. A aproximação com Jung começa em 1906. Para Freud é o fim do isolamento, uma vez que, apesar de haver alguns discípulos reunidos em torno do mestre desde 1902, não existe nenhum reconhecimento social para sua teoria. Jung é o primeiro psiquiatra estrangeiro a aplicar seu método, na época em que exercia a profissão num hospital de renome, o Burgözli, que dispunha de uma atividade de ensino.

Rapidamente as relações se estabelecerão de modo constante entre Viena e Zurique, local em que Bleuler e Jung trabalham. Estes têm interesse em aplicar a psicanálise aos fenômenos mais complexos da esquizofrenia. Seu trabalho permitirá uma ampla difusão da psicanálise.

Em 1909, Jung e Freud vão aos Estados Unidos, atendendo a um convite da Universidade de Worcester. Essa viagem propicia uma abertura universal para a descoberta freudiana.

A partir de 1909, data de nascimento de um verdadeiro movimento psicanalítico, ocorreram rupturas entre Freud e algumas personalidades. Elas fazem parte da história da psicanálise. Assim, Freud verá Adler afastar-se, embora lhe tivesse confiado a direção do grupo local de Viena. Essa ruptura ocorreu entre 1910 e 1911, data do congresso de Weimar. Freud reprovou Adler por ter estabelecido um sistema baseado no sentimento de inferioridade, o que lhe pareceu ser incompatível com a psicanálise; além disso, suas diferenças comportavam também dimensões políticas e de poder. Pouco tempo depois, vem à luz a dissensão com Jung. O processo de ruptura se dá entre 1912 e 1914, e terá conseqüências importantes, cuja extensão é ainda em nossos dias dificilmente avaliada: por um lado, ela é a primeira de uma série de rompimentos repetitivos e, por outro, levou Freud a desinteressar-se da questão da psicose.

No cisma Freud-Jung mesclam-se problemas transferenciais, políticos, religiosos, teóricos, como pode ser visto em sua correspondência. Freud reprova Jung por seu misticismo, mas sobretudo por ter abandonado a idéia de sexualidade infantil, recusando o caráter puramente sexual da libido. Jung não será então aquele que irá assegurar o futuro do movimento psicanalítico. Freud havia apostado nele, o não judeu, para difundir e dar lugar à psicanálise no mundo dos gentios. A universalização da psicanálise tomará então outros caminhos, mais indiretos.

Essas rupturas provam a dificuldade da difusão da psicanálise, o caráter complexo e perturbador dos laços entre mestre e discípulo, e sobretudo a contingência que pesa sobre a transmissão e o ensino da psicanálise.

Em 1914, Freud publica um artigo fundamental, intitulado *Sobre o narcisismo: uma introdução*[13], que é preciso ler sobre o pano de fundo da querela com Jung; o narcisismo não deve mais ser considerado apenas como uma perversão, mas como aquilo que permite compreender a distinção entre pulsões sexuais e pulsões do eu.

---

13. S. Freud, *La Vie sexuelle*, Paris, PUF, 1969.

No decorrer da guerra de 1914-1918 ocorre um novo isolamento. Freud sofre pelo redobramento nacionalista e chauvinista, pelo empobrecimento do pensamento que se apossa da Europa. Um ideal do progresso da civilização européia se desmorona diante de seus olhos e não voltará a se erguer durante o tempo de sua vida.

Durante a guerra, em 1915, aparece uma coletânea intitulada *Metapsicologia*, na qual Freud aprofunda alguns conceitos-chave da psicanálise, tais como a pulsão, o inconsciente e o recalque. Apesar disso, a coletânea é incompleta, pois a teoria freudiana vai se renovar a ponto de se falar numa segunda tópica, sendo que a primeira se encontra exposta no capítulo VII de *A interpretação dos sonhos*.

Até 1930, o psiquismo era regulado, para Freud, segundo dois princípios, o do prazer, que consiste em evitar o desprazer mantendo a mais baixa tensão psíquica possível, e o do princípio de realidade. A partir de 1920, data de seu artigo *Além do princípio de prazer*[14], aparece a noção de pulsão de morte, noção complexa que explica o fato de que alguns pacientes que sofrem de neurose traumática revivem o acontecimento sem cessar, sem que nenhuma satisfação seja aparentemente alcançada. Foi a observação de uma criança que colocou Freud no caminho das noções de compulsão de repetição e de pulsão de morte. Esse texto é considerado o mais especulativo escrito por Freud e será mal recebido pela comunidade dos analistas. Nos mesmos anos do pós-guerra, a segunda tópica se afirma, com "o eu e o isso".[15]

A guerra não deixou só neuroses traumáticas – ela perturbou profundamente Freud, abriu-lhe os olhos sobre a precariedade, a fragilidade da civilização, da cultura.

---

14. S. Freud, *Essais de psychanalyse*, Paris, Payot, 1981.
15. Ibidem.

A Europa não se recupera, ao contrário disso; o comunismo que se instala na Rússia não seduz Freud; quanto ao fascismo que se desenvolve na Itália e logo depois na Alemanha, leva o pensador a interrogar-se sobre a própria noção de cultura.

A partir de 1912, em *Totem e tabu*, ele introduz uma abordagem psicanalítica da civilização, com as noções de "pai da horda primitiva" e de "morte do pai" dessa mesma horda. Mas nos anos de 1925-1935 é, mais precisamente, a noção de socialidade, de laço social, que é submetida à investigação. *O mal-estar na civilização* aparece em 1929; nele, Freud expõe de modo completo sua teoria social. É a conclusão de sua teoria sobre a cultura.

Esse interesse pelo social, pelo coletivo, não é marginal na obra de Freud. Desde 1921, em *Psicologia das massas*, ele havia penetrado na psicologia do coletivo; em 1927, em *O futuro de uma ilusão*, ele trata a questão da religião.

A noção de inconsciente perturba os dados de abordagem do coletivo e podemos ver aí o caráter fundamentalmente antitotalitário da psicanálise. Longe de preconizar soluções individuais para a neurose, Freud defende uma sociedade que leve em conta o caráter intransponível do mal-estar "sexual" do indivíduo e concorde sobre o caráter impossível de qualquer projeto coletivo que não se baseie na repressão libidinal; a liberdade do sexual é incompatível com as coerções do coletivo. A psicanálise pode esclarecer o sujeito sobre os limites de sua liberdade, pode reabrir para ele as escolhas que se impõem a todos na entrada do social, limitar os efeitos perniciosos do preço a ser pago por essa entrada, mas não pode anular esse preço. Freud não preconiza um otimismo social ou messiânico, mas crê num combate permanente para limitar a queda e o desmoronamento dos valores sociais e morais, que são o produto de um mal-estar sexual quando não conseguem se canalizar ou se sublimar nas produções sociais, artísticas ou culturais.

O ódio e a guerra são mais naturais que a civilização. A esse respeito, Freud se opõe a Einstein, como pode ser visto em *Por que a guerra?*[16], escrito em 1932, num texto encomendado pela ONU. Em 1933, Hitler instala-se no poder. Os últimos anos da vida de Freud serão marcados por esse acontecimento. As perseguições se abatem sobre os judeus e as autoridades nazistas querem arianizar a psicanálise. Pactos difíceis e comprometedores irão desenrolar-se entre o dr. Göring, representante da autoridade nazista, e alguns psicanalistas estrangeiros, entre os quais Jones, com o fim de salvar um simulacro de existência para o grupo psicanalítico alemão.

Paralelamente, Freud se interrogará sobre sua origem, sobre o povo judeu. É este o objeto de seu famoso livro *Moisés e o monoteísmo*[17], já parcialmente redigido desde 1934. Ele só será publicado em sua forma integral em 1938 em Amsterdã, e em 1939 em Londres. Nessa obra extremamente controversa, Freud faz de Moisés um egípcio que teria sido morto pelos hebreus, a quem tentou impor um culto monoteísta rígido. O recalque do assassinato de Moisés estaria na origem da forma da Lei mosaica, e é o horror desse ato que assegura a continuidade da civilização judia. Freud retorna à Bíblia para melhor circunscrever aquilo que na história mítica e real do povo judeu funda uma responsabilidade diante do anti-semitismo.

Em março de 1938, Hitler invade a Áustria. Sob a pressão de Jones e de Marie Bonaparte, Freud concorda

---

16. S. Freud, *Obras psicológicas completas*, Edição Standard Brasileira (*ESB*), trad. Jayme Salomão (org.), Rio de Janeiro, Imago, 1974, vol. XXII.
Ref. http://www.fadisma.com.br/arquivos/Freud(2).pdf
17. S. Freud, *ESB*, v. XXIII.

em deixar Viena; exila-se depois de semanas de negociações, de tormentos, e consegue fazê-lo graças à pressão internacional. Depois de uma breve estadia em Paris, ele vai para Londres.

Há quinze anos Freud sofre de um câncer no maxilar e seu estado se agrava no decorrer da primavera de 1939; os médicos julgam-no inoperável. Durante sua estadia em Londres, recebe um acolhimento muito caloroso; durante algum tempo continua a fazer suas análises e recebe a visita de inúmeras personalidades, dentre as quais Stephan Zweig e Salvador Dali.

Quando, no verão de 1939, a guerra explode, Freud diz: "Esta será minha última guerra". Em 23 de setembro de 1939, aos 83 anos de idade, Freud morre. Deixa, em Viena, suas quatro irmãs, que sucumbirão posteriormente nas câmaras de gás.

2
Os grandes conceitos freudianos

A doutrina de Freud é muito vasta e muito complexa; ela nunca deixou de evoluir ao longo de sua obra. A empreitada de resumir esse pensamento só pode levar a um resultado esquemático e redutor. Num trabalho como o presente, parece preferível escolher alguns conceitos muito conhecidos, tais como a interpretação dos sonhos, a sexualidade infantil ou o complexo de Édipo, para precisá-los e buscar esclarecer qual é a especificidade da descoberta freudiana, explicitando outros conceitos difíceis como o inconsciente, o narcisismo ou a pulsão de morte.

Comecemos pela *noção de inconsciente*. Freqüentemente atribui-se a Freud a paternidade da descoberta do inconsciente, mas a realidade é um pouco diferente. Antes de Freud, a noção de inconsciente havia surgido entre filósofos, no início do século XIX, em particular com Schopenhauer, Carus e Von Hartmann. Mas qual era o conteúdo desse conceito de inconsciente? Para Schopenhauer, o inconsciente parece uma força a serviço da vontade, que explica a ignorância do homem a respeito dos verdadeiros motivos de algumas de suas ações. Thomas Mann enfatizou as analogias entre a metafísica de Schopenhauer e a doutrina de Freud: viu nos conceitos de vontade e de intelecto próprias a Schopenhauer semelhanças com o eu e o supereu da tópica freudiana.

Karl Gustav Carus aponta que o inconsciente corresponde precisamente, para a subjetividade, àquilo que se designa na realidade pelo nome de natureza. "A chave do conhecimento da natureza da vida consciente da alma deve ser buscada no reino do inconsciente. De onde a dificuldade, se não a impossibilidade, de compreender plenamente o segredo da alma. Se fosse absolutamente impossível encontrar o inconsciente no consciente, o homem nada mais poderia fazer senão desesperar-se por jamais poder chegar a um conhecimento de sua alma, isto é, a um conhecimento de si próprio. Mas, se essa impossibilidade for só aparente, então a primeira tarefa de uma ciência da alma será estabelecer como o espírito do homem pode descer a essas profundezas."[1]

Por outro lado, Carus distinguirá várias camadas no inconsciente, das quais algumas, mesmo fazendo parte da vida da alma, permanecem para sempre inacessíveis, ao passo que outras só temporariamente são subtraídas da consciência. O inconsciente, segundo Carus, possui certas características como obedecer a leis necessárias ou ser submetido a fenômenos incessantes de movimentos. Carus havia feito pesquisas em psicologia animal, e sua teoria se apóia nelas. Essas especulações, tanto de Schopenhauer como de Carus, ou ainda de alguns outros filósofos contemporâneos, precederão a publicação, em Berlim, em 1869, do famoso *Filosofia do inconsciente*, de Eduard von Hartmann. Essa obra, que conhecerá grandes ecos, é considerada por muitos como o pico da filosofia romântica alemã. Com Von Hartmann, a noção de inconsciente se precisa: ele descreve um sistema, uma metafísica derivada da filosofia hegeliana, e aceita a idéia de parapsiquismo; a vida consciente é dominada por uma

---

1. Citado por H. Ellenberg em *Histoire de la découverte de l'inconscience*, apresentação de Elizabeth Roudinesco, op. cit., p. 237.

vida inconsciente, em particular pelo amor e pelo prazer. As descobertas fundamentais encontram sua origem nesse inconsciente.

Von Hartmann, assim como Carus, respondem às filosofias materialistas; seu propósito é ampliar o papel e o alcance do espírito, mostrar sua primazia sobre a matéria. Todas essas teorias e outras ainda, datadas dessa mesma época, conhecidas como filosofia da natureza ou filosofia romântica, abriram o caminho para uma psiquiatria dinâmica no campo da clínica das doenças mentais e de alguma forma "prepararam o terreno" para a descoberta freudiana. O inconsciente freudiano não apareceu *ex nihilo*. Em torno da década de 1870, a idéia de uma força que escapa à consciência e governa a atividade dessa mesma consciência está adquirida, presente no campo da cultura, apesar de algumas obscuridades; ela constitui um dos elementos precursores do conceito de inconsciente freudiano.

Na França, Pierre Janet desenvolverá, a partir de fatos clínicos observados em histéricas sob hipnose, uma teoria completa de psiquiatria dinâmica na qual põe em relevo a idéia de inconsciente, o que o faz ser considerado por muitos como um dos precursores de Freud. Apesar disso, o pensador alemão recusará qualquer dívida em relação ao francês, e não deixará de mencionar o quanto ignorava as teorias de Janet e principalmente a diferença entre suas teses e as de seu colega. "Enquanto escrevo isto, recebo inúmeros ensaios e artigos de jornais vindos da França que dão mostras de oposições violentas à aceitação da psicanálise e que freqüentemente lançam as afirmações mais errôneas quanto à minha relação com a escola francesa. É assim que leio, por exemplo, que teria usado minha estadia em Paris para me familiarizar com as teorias de P. Janet e que, munido dessa pilhagem, teria em seguida empreendido a fuga. Devido a isso, quero mencionar expressamente que o nome de Janet sequer foi pronunciado durante minha estadia na Salpêtrière."[2]

Janet praticou a escrita automática para tentar curar as histéricas. A partir dessa prática, desenvolve uma teoria do inconsciente. O inconsciente de Janet concerne às operações físicas como movimentos automáticos, feitos em estado de distração ou sonambulismo, mas também a fenômenos psíquicos: percepções, idéias cognitivas ou fenômenos mnésicos. Na histeria há uma fraqueza congênita que explica o estado de dissociação e sobretudo as idéias fixas inconscientes. Manifestam-se nesses pacientes fenômenos de sugestão, de auto-sugestão, que são provocados por circunstâncias acidentais e que acarretam um enfraquecimento da faculdade mental de síntese psíquica. As obras essenciais de Janet são *L'Automatisme psychologique*, de 1889, *L'État mental des hystériques*, de 1893, e *Névrose et idées fixes*, de 1898.

Com Freud abre-se uma nova página, que irá perturbar totalmente a idéia de inconsciente. Pudemos resumir a revolução psicanalítica à descoberta do inconsciente; mas esse conceito é também um elo do conjunto da teoria a ser definido como tal. Freud partiu de uma constatação clínica incontornável: em seu trabalho com as histéricas ele apercebeu-se de que certos conteúdos psíquicos não são aceitáveis para a consciência, salvo deixando-se vencer por resistências assim descritas:

> O doente pretende seja não perceber nenhuma idéia, nenhum sentimento ou lembrança, seja perceber, na medida em que lhe é impossível apreendê-los e se orientar. Constatamos então que ele cede a uma ou a outra objeção crítica. Ele se trai principalmente pelas pausas prolongadas

---

2. S. Freud, *Sigmund Freud presenté par lui-même*, op. cit., p. 22.

com as quais corta seus discursos. Acaba por convir que sabe coisas que não pode dizer, que tem vergonha de confessar... e ele continua, variando suas objeções até o infinito.[3]

Trata-se de um paciente a quem Freud pediu que "associasse livremente" a partir de uma idéia que lhe veio espontaneamente ao espírito. Existem no inconsciente "pensamentos eficientes"[4] e é deles que provêm os sintomas de que sofrem os neuróticos. O inconsciente é então simultaneamente uma noção tópica (situado em um lugar fora da consciência) e dinâmica (o acesso é fechado por resistências). Durante muito tempo, Freud assimilará o inconsciente com o recalcado ou, em outras palavras, isso que está interditado à consciência por uma operação de recalque; o recalque barra o acesso à consciência para representações, ou melhor, representantes – representações da pulsão. Os representantes permanecem no inconsciente, ignorados pela consciência, inibidos ou reprimidos e sua manutenção no inconsciente necessita de um desgaste contínuo de energia, enquanto os rebentos dessas representações tentam abrir caminho para a consciência usando vias surpreendentes. Às vezes a barragem do recalque cede, uma parte do recalcado passa e obtém uma satisfação parcial, numa formação de compromisso na qual a parte consciente também se satisfaz; essas formações de compromisso são sintomas, como as conversões histéricas, as obsessões ou as fobias. No início da constituição do inconsciente, Freud concebe uma operação mítica, o recalque originário, a partir do qual

---

3. Citado por J.-C. Filloux em *L'Inconscient*, Paris, PUF (Col. Que sais-je?).
4. Cf. verbete "Inconsciente" em Laplanche e Pontalis, *Vocabulaire de la psychanalyse*, Paris, PUF, 1967. [Ed. bras.: *Vocabulário da Psicanálise*, trad. de Pedro Tamen, São Paulo, Martins Fontes, 1992.]

todos os recalques do período infantil são operados. O inconsciente é também uma noção econômica: em seu cerne reinam os processos primários – a energia psíquica circula livremente, não existem obstáculos para passar de uma representação a outra; esse fenômeno é possibilitado por dois mecanismos principais: o deslocamento e a condensação. A energia livre tem tendência a investir as experiências de satisfação de desejo, em particular aquelas que foram constitutivas do desejo, o que Freud chama de experiências de alucinação primitiva.

Em 1915, Freud resumiu, num artigo chamado *O inconsciente*[5], sua primeira concepção do inconsciente. Entretanto, a partir de 1920, uma nova orientação é tomada: é a segunda tópica. A primeira tópica distinguia "o inconsciente" do sistema "pré-consciente consciente". A partir de 1920, Freud falará de "isso", "eu" e "supereu", essas três instâncias que têm uma fonte e uma parte inconscientes. O inconsciente está presente no eu, no isso e no supereu.

O inconsciente produz as chamadas "formações do inconsciente", principalmente os sintomas neuróticos, mas também os atos falhos, os lapsos, os esquecimentos, os sonhos. Mesmo o chiste é assimilável a uma formação do inconsciente. Duas obras precisam bem a noção de inconsciente freudiano: *A psicopatologia da vida cotidiana*, publicada em 1901, e *O chiste e suas relações com o inconsciente*, em 1905. No primeiro livro, Freud usa um grande número de exemplos tirados de sua experiência pessoal, de sua prática ou de obras literárias para afirmar uma noção-chave: o determinismo. No psiquismo reina o determinismo e todos os insucessos na vida cotidiana são submetidos a uma lógica da lei da racionalidade – não se devem ao acaso ou à fadiga. Na *Psicopatologia da vida*

---

5. S. Freud, *ESB*, vol. XIV.

cotidiana, Freud dá um exemplo de esquecimento que se tornará célebre: o esquecimento do nome Signorelli. Esse esquecimento dá lugar a uma abundante literatura psicanalítica: vários autores insistiram sobre a assonância dos fonemas que compõem esse nome próprio, Signorelli, com o nome de Deus em várias línguas. Com *O chiste*, a questão à qual Freud tenta responder é a seguinte: de onde vem o prazer oferecido pelo chiste? Este é um jogo que se aplica às palavras segundo as leis que são aquelas dos processos primários, isto é, que os investimentos são lábeis, instáveis; com o chiste há um retorno do infantil, a suspensão parcial da inibição, e o recalque deixa passar alguma coisa. A reação daquele a quem o chiste é dirigido é igualmente interessante, pois há como que uma transmissão de um desejo inconsciente que se produz aí.

Antes de *A psicopatologia da vida cotidiana* e *O chiste e sua relação com o inconsciente*, Freud havia publicado a *Traumdeutung* em 1899, *A interpretação dos sonhos*, obra maior, pois o caminho real para o inconsciente freudiano é o sonho. Essas três obras constituem os três pilares de uma teoria do inconsciente freudiano. Por ocasião da exposição de sua segunda tópica, Freud não recolocará em causa os grandes eixos teóricos que havia traçado entre 1899 e 1905 que dizem respeito ao funcionamento do inconsciente, e seria absurdo ver na segunda tópica uma teoria nova que aboliria a antiga tópica, quando se trata de um aprofundamento demandado pelos problemas, pelos pontos fundamentais na prática da psicanálise, em particular por aquele da repetição, do qual tornaremos a falar a propósito da pulsão de morte.

A interpretação dos sonhos. A partir de 1895, Freud começou a interpretar seus próprios sonhos de maneira sistemática. Ele se apercebeu de que os pacientes que se submetiam à técnica da livre associação tinham propensão a contar espontaneamente seus sonhos. Durante muitos anos, o conteúdo de seu livro magistral, *A interpretação dos sonhos*, irá ocupá-lo, pois desde o início de sua aventura intelectual e científica ele está em busca de uma descoberta fundamental; com a interpretação dos sonhos, pensa tê-la obtido: Freud se considera o inventor do método de decifração do enigma dos sonhos. Seu livro é concebido de modo clássico, começando por uma parte importante dedicada à literatura sobre o sonho. Ela é seguida por cinco capítulos dedicados à sua tese sobre o sonho como formação do inconsciente e o método de interpretação. Enfim vem um último capítulo, muito difícil, chamado "Psicologia dos processos do sonho". Ele retoma, afirmando-as, algumas teses sobre o funcionamento psíquico que já havia desenvolvido previamente no *Projeto*, obra que jamais publicará, e que constitui o arcabouço de sua primeira tópica.

A interpretação dos sonhos é fruto de um longo e difícil percurso interior de Freud. Nos últimos anos do século XIX, Freud se submete ao que ele mesmo chama de auto-análise, ainda que depois venha a contestar essa denominação. Em 25 de julho de 1895, faz a primeira análise completa de um de seus sonhos, aquele da injeção dada em Irma. Este lhe servirá de exemplo para ilustrar seu método de interpretação. Esse sonho é inaugural sob muitos aspectos e há mais de um século é objeto de inúmeros estudos, em particular aquele de Lacan em seu *Seminário*.[6] O desejo que está na origem desse sonho pode ser considerado como o próprio desejo do analista. Na carta a Fliess de 12/6/1900, Freud escreve a respeito do restaurante Bellevue, em Viena, onde fez a análise desse sonho. "Foi nessa casa que, em 24 de julho de 1895, foi revelado ao dr. Freud

---

6. J. Lacan, *Le Séminaire*, Livre 1, Paris, Le Seuil, 1975. [Ed. bras.: *O seminário*, Livro 1: Os escritos técnicos de Freud, trad. Betty Milan, Rio de Janeiro, Jorge Zahar, 1979.]

o segredo dos sonhos." Ele imagina que um dia essa frase irá figurar sobre uma placa comemorativa.

O sonho é um fenômeno normal – não é encontrado só entre os neuróticos – e simultaneamente patológico, no sentido de que traz à luz o funcionamento do inconsciente que está em ação na formação dos sintomas. Freud derrubou a barreira que separa o normal do patológico, a barreira que separa o médico do paciente, pois a divisão das águas se encontra em outro lugar, entre as formações do inconsciente.

A interpretação dos sonhos foi escrita sobre um fundo de crise interna. Freud encontra então um ponto crucial que arruína toda sua teoria da sedução levada a cabo pelos adultos: ele descobre, em todas as histéricas, traumatismos ligados a esse tipo de sedução, feita pelo pai em particular. Ele é obrigado ou a admitir que todos os pais são perversos, o que é impossível, ou a abandonar sua teoria. Ele sairá dessa crise pela descoberta do conceito de fantasma e pela noção do complexo de Édipo.

Notemos que essa crise se desenrola num momento muito particular de sua vida: a morte de seu próprio pai, que ele qualifica de "acontecimento mais pungente na vida de um homem".

A interpretação dos sonhos, no início, será um fiasco. Essa obra passará despercebida muito tempo, mas acabará por ser reconhecida e valerá a Freud uma lenta saída de seu isolamento. Sigamos Freud em seu método de interpretação e consideremos um sonho dentre outros, o chamado *"Brücke non vixit"* que ilustra perfeitamente a investigação freudiana.[7] Eis o texto do sonho:

> Eu fora ao laboratório de Brücke à noite e, em resposta a uma leve batida na porta, abrira-a para o (falecido)

---
7. Cf. M. Robert, *La Revolution psychanalytique*, op. cit., p. 154.

professor Fleischl, que entrou com diversos estranhos e, após trocar algumas palavras, sentou-se à sua mesa. Isso foi seguido por um segundo sonho. Meu amigo Fl. [Fliess] tinha vindo discretamente a Viena em julho. Encontrei-o na rua, conversando com meu (falecido) amigo P., e fui com eles a algum lugar, onde se sentaram um diante do outro, como se estivessem a uma pequena mesa. Sentei-me à cabeceira, em sua parte mais estreita. Fl. falou sobre sua irmã e disse: "Ela morreu em três quartos de hora", acrescentando algo assim como "esse foi o limiar". Como P. não conseguisse entendê-lo, Fl. voltou-se para mim e me perguntou o que eu havia falado sobre ele com P. Diante disso, dominado por estranhas emoções, tentei explicar a Fl. que P. (não podia entender coisa alguma, é claro, porque) não estava vivo. Mas o que realmente disse – e eu próprio notei o erro – foi "NON VIXIT". Dirigi então a P. um olhar penetrante. Ante meu olhar fixo, ele empalideceu; e sua forma tornou-se indistinta e seus olhos adquiriram um tom azul doentio – e, por fim, ele se dissolveu. Fiquei muito satisfeito com isso e compreendi então que Ernst Fleischl também não passara de uma aparição, um *revenant* ["fantasma" – literalmente, "aquele que retorna"]; e me pareceu perfeitamente possível que pessoas assim só existissem enquanto se quisesse, e que pudessem ser descartadas por meio de um desejo.

Freud fará, em dois lugares diferentes de seu livro, uma interpretação magistral desse sonho. Ele começa por uma advertência:

> Esse belo espécime reúne muitas das características dos sonhos – o fato de eu ter exercido minhas faculdades críticas durante o sono e de eu próprio haver notado meu erro quando disse *"Non vixit"*, em vez de *"Non*

vivit" [isto é, "ele não viveu", em vez de "ele não estava vivo"]; minha maneira despreocupada de lidar com pessoas que estavam mortas e eram reconhecidas como mortas no próprio sonho; o absurdo de minha inferência final e a grande satisfação que me proporcionou. De fato, esse sonho exibe tantas dessas características intrigantes que eu daria muito para poder fornecer a solução completa de seus enigmas. A rigor, porém, sou incapaz de fazê-lo – ou seja, de fazer o que fiz no sonho, de sacrificar à minha ambição pessoas a quem valorizo imensamente. Qualquer escamoteamento, contudo, destruiria o que sei muito bem ser o sentido do sonho; por isso me contentarei, tanto aqui como num contexto posterior, em selecionar apenas alguns de seus elementos para interpretação.[8]

Freud descreve em poucas palavras os elementos essenciais de seu método; o sonho é um texto a ser decifrado, é preciso segmentá-lo em várias seqüências para descobrir os diferentes pensamentos do sonho, e são as associações do sonhador a partir de cada uma dessas partes que irão esclarecer o enigma do sonho. Não há chave dos sonhos, a interpretação freudiana se faz a partir das associações do sonhador, associações que não devem sofrer nenhum tipo de censura.

Depois Freud abre uma via para a interpretação propriamente dita do sonho. Primeiramente ele designa o centro: é a cena em que ele aniquila P., provavelmente Joseph Panetter. A associação se faz, a partir da cena de aniquilamento, com os olhos de seu mestre Brücke, que o havia fuzilado com o olhar num dia em que chegara atrasado; no sonho há uma inversão: é ele quem fuzila; é uma das leis do trabalho do sonho. Depois Freud sai em busca

---

8. S. Freud, *L'Interprétation des rêves*, PUF, 1973, p. 359-60.

da significação de *"non vixit"*. As palavras: "Percebi então, de imediato, de onde provinham. No pedestal do Monumento ao Imperador José de Hofburg [Palácio Imperial], em Viena, acham-se inscritas estas palavras expressivas: *Saluti patriae vixit non diu sed Totus"*.[9] Freud observa um sentimento de hostilidade nessa identificação com uma estátua e ele a resume assim: "ele não vive mais, ele não tem nada a dizer".

Freud está em busca do pensamento do sonho, que é simples: ele está infiltrado por um desejo infantil. É o texto do sonho que é obscuro, devido à censura.

Antes do sonho, Freud assistira à inauguração do busto de Fleischl na universidade: na mesma ocasião, reviu o busto de Brücke. E adiciona: "E (inconscientemente) tinha lamentado que meu amigo P., tão bem dotado e apaixonado pela ciência, tivesse morrido tão jovem para que lhe tivessem erigido um assim. Meu sonho o erigia para ele, meu amigo P. se chamava Joseph". Podemos supor o que Freud não diz: ele teria desejado que seu próprio busto figurasse um dia na universidade. José é o intérprete dos sonhos na Bíblia e Freud dirá mais tarde numa nota:

> Acho que já notaram que o nome Joseph desempenha um grande papel em meus sonhos (cf. o sonho do tio). Por trás das pessoas que têm esse nome eu posso disfarçar meu eu com particular facilidade, pois Joseph é o oniromante da Bíblia.[10]

Freud prossegue a interpretação do *"non vixit"*. Por associação, evocará Júlio César e Brutus, e depois seu sobrinho, John, que havia voltado da Inglaterra e com

---

9. S. Freud, *L'Interprétation des rêves*, op. cit., p. 361.
10. Ibidem, p. 413.

quem havia apresentado a peça de Shakespeare, *Júlio César*, na qual Brutus fala de seus sentimentos ambivalentes com relação a César.* Essa ambivalência de sentimentos constitui um pensamento latente do sonho. Quanto ao significante Joseph, é um exemplo de sobredeterminação, devido ao fato de condensar várias figuras: Joseph o amigo, Joseph da Bíblia, Joseph o imperador, Joseph da rua Josephstrasse na qual Freud andava no dia de seu atraso no laboratório de Brücke. Com o aparecimento do sobrinho, John, Freud evoca suas lembranças de infância e busca o desejo infantil em ação, evoca a irmãzinha morta, a doença de seu amigo Fl. (que é Fliess) com quem se corresponde e que é o suporte de uma transferência em sua auto-análise. Com John, as disputas eram freqüentes, e um dia teria dito ao seu pai: "Eu bati nele porque ele me bateu".**

---

*   Ainda em *A interpretação dos sonhos*, Freud indica: "Ocorreu-me então ser digno de nota que, na cena do sonho, havia uma convergência de uma corrente de sentimento hostil e de uma afetiva para com meu amigo P., estando a primeira na superfície e a segunda oculta, mas ambas representadas na expressão única *Non vixit*. Como fosse digno de homenagens pela ciência, erigi-lhe um monumento comemorativo; mas, como era culpado de um desejo malévolo (que se expressou no final do sonho), eu o aniquilei. Notei que esta última frase tinha uma cadência toda especial, e devo ter tido algum modelo em minha mente. Onde se poderia encontrar uma antítese dessa natureza, uma justaposição como essa de duas reações opostas a uma única pessoa, ambas alegando ser completamente justificadas e, ainda assim, não incompatíveis? Somente numa passagem da literatura – mas uma passagem que exerce profunda impressão sobre o leitor: no discurso de autojustificação de Brutus em *Júlio César*, de Shakespeare [iii, 2]: 'Como César me amou, choro por ele; como foi afortunado, regozijo-me com isso; como era bravo, respeito-o; mas, como foi ambicioso, matei-o'. Não eram a estrutura formal dessas frases e seu sentido antitético precisamente os mesmos que no pensamento onírico eu desvendara?". (N. T.)

** No mesmo texto, Freud aponta: "Deve ter sido essa cena de minha infância que desviou o *Non vivit* para *Non vixit*, pois, na linguagem das crianças mais velhas, o termo usado para bater é *wichsen* [pronunciado como o inglês *vixen*]". (N. T.)

Os aspectos manifestos do sonho aparecerão como que sobredeterminados em relação aos pensamentos do sonho. O tema central, que tem sua fonte na infância, aparece; Freud é colocado na pista pelo significante do *revenant*: é o desejo de ser sobrevivente, de sobreviver à morte dos outros, ou até mesmo de aceder à imortalidade. Nossos filhos nos dão um gosto de imortalidade, sobretudo se, como vários filhos de Freud, recebem o prenome de amigos desaparecidos, e então se tornam *revenants*. Permanece na interpretação desse sonho, que traz à luz seu desejo de passar à posteridade, uma parte inacabada: Freud não quer colocar em causa as relações com seus íntimos.

Como conclusão, Freud escreve:

> Não podemos nos dissimular, é preciso um grande domínio de si para interpretar e comunicar seus próprios sonhos. Devemos nos resignar a nos revelar como o único celerado dentre tantas naturezas nobres com as quais dividimos a existência. Assim, acho natural que os *revenants* só existam enquanto temos vontade de vê-los e que um desejo possa afastá-los. Eis o motivo pelo qual meu amigo Joseph foi punido. Mas os *revenants* também são as encarnações sucessivas de meu amigo de infância. Fico feliz em perceber que eu o substituo sempre e que, nesse próprio momento em que estou prestes a perder alguém, encontrar-lhe-ia um substituto. Ninguém é insubstituível...

Freud se questiona sobre a causa do sonho que deixa passar sentimentos tão egoístas, desejos de morte, infidelidade na amizade, desejo de imortalidade. Sua explicação é a de que o desejo é sempre egoísta. Os sentimentos contrários a esse egoísmo, que vêm fazer contrapeso, são a marca da censura do sonho. De passagem, antes de concluir, Freud dá um exemplo de interpretação literal: "É essa coincidência que o sonho lembra, substituindo um nome próprio por outro e guardando os mesmos sons iniciais nos nomes de Fleischl e de Fl.".[11] Trata-se de Fleischl e Fliess. Essa análise de sonho é bastante exemplar. Método de livre associação, diferença entre conteúdo latente e conteúdo manifesto, exemplo de condensação, de sobredeterminação e de deslocamento no texto e a figuração do sonho. Encontramos todas as leis enunciadas: interpretação diferente a partir de palavras e significantes em relação com assonâncias ou anagramas, designação da censura do sonho que torna o texto irreconhecível, pesquisa além dos restos diurnos do desejo infantil que busca se satisfazer – aqui o desejo de tomar o lugar de César –, desejo edipiano, desejo de atingir a celebridade, a posteridade, a imortalidade.

É preciso também sublinhar um outro aspecto do sonho – é um sonho de transferência, o que é atestado pela presença de Fliess, que se encontra doente e de quem Freud não tem boas notícias no momento do sonho. Esse sonho ilustra também a idéia de que todo sonho feito em análise é um sonho de transferência.

A interpretação dos sonhos conhecerá inúmeras reedições, que contarão com novos prefácios do autor, mas sem modificações notáveis. Nenhum outro livro permite uma melhor familiarização com a doutrina freudiana, sua concepção de inconsciente, o método de interpretação e a ética que subentende esse método.

Com o *complexo de Édipo*, abordamos aquele que talvez seja o tema mais conhecido da psicanálise. Lacan disse que, se retirássemos o Édipo, a teoria de Freud mereceria o rótulo de delírio. A impossibilidade de generalizar o traumatismo sexual como causa determinante abre

---

11. S. Freud, *L'Interprétation des rêves*, op. cit., p. 362.

uma crise, e a convicção de que não existe no inconsciente nenhum índice de realidade que permita fazer a distinção entre acontecimento real e acontecimento psíquico permitirá resolver essa crise em poucas semanas – é a descoberta do Édipo. Três semanas após enviar uma carta a Fliess em que confessa não acreditar mais em sua *Neurotica*, ele escreve outra em 15/10/1897.

> Desde então percorri um longo caminho, mas sem ter atingido ainda meu ponto de parada verdadeiro. A narrativa disso que permanece inacabado é tão difícil, me levaria tão longe que lhe peço que me perdoe e que se contente com a exposição das partes bem verificadas.[12]

Algumas linhas depois, Freud exporá o complexo de Édipo.

> A coisa não é fácil. É um bom exercício ser inteiramente sincero consigo próprio. Só me veio ao espírito uma única idéia que tivesse um valor geral. Encontrei em mim, como em todo lugar, sentimentos de amor por minha mãe e de ciúmes de meu pai, sentimentos que são, penso eu, comuns a todas as crianças... Se for mesmo assim, compreende-se, a despeito de todas as objeções racionais que se opõem à hipótese de uma inexorável fatalidade, o efeito surpreendente do Édipo rei.

Em torno dessa idéia do Édipo, as conclusões podem se reordenar: as cenas de sedução infantil revelam ser fantasmas, dos quais ele dará uma definição no manuscrito M do *Projeto*. "Os fantasmas são produzidos por uma combinação inconsciente de coisas vividas e ouvidas,

---

12. S. Freud, *La Naissance de la psychanalyse*, op. cit., p. 197 e 198.

segundo certas tendências."[13] Freud precisou recorrer a um mito, do qual afirma a universalidade, para vencer sua crise de confiança. A forma simples que o complexo de Édipo toma na tragédia grega nada mais é que uma esquematização. A noção irá evoluir em Freud. Existem dois tipos de complexo: uma forma positiva, com desejo de morte dirigido ao genitor do mesmo sexo e desejo sexual pelo genitor de sexo oposto, mas também uma forma negativa que é seu inverso, amor pelo genitor do mesmo sexo e ódio pelo genitor de sexo oposto em relação com o sentimento de ciúme.

O complexo de Édipo é vivido entre três e cinco anos, depois aparece uma fase de latência. No início, Freud se baseará no menino para desenvolver sua teoria edipiana; depois, a partir de 1923, afirmará que no momento mais forte do Édipo, tanto para o menino quanto para a menina, é o falo que tem a primazia. Essa afirmação do complexo de Édipo é essencial em Freud, pois ela se articula com sua teoria da morte do pai da horda primitiva, que será desenvolvida em *Totem e tabu*, em 1912. Trata-se de uma formulação da proibição do incesto da qual alguns antropólogos – em particular Lévi-Strauss, em *As estruturas elementares do parentesco* – fazem uma ferramenta de diferenciação entre natureza e cultura. Antes do Édipo existem, segundo Freud, fases pré-edipianas. Esses elementos pré-edipianos dão lugar a uma vasta pesquisa polêmica, em particular entre os psicanalistas de crianças, principalmente Anna Freud e Melanie Klein. Outros verão na ausência de triangulação edípica um dos parâmetros da psicose. Apesar das críticas que lhe são dirigidas, Freud jamais desmentirá sua teoria do complexo de Édipo.

Este é combinado a um outro complexo, aquele de castração, que é percebido diferentemente pela menina

---

13. S. Freud, *La Naissance de la psychanalyse*, op. cit., p. 180.

– prejuízo da ausência de pênis – e pelo menino – ameaça parental em relação à atividade sexual. O complexo de castração ou fantasma de castração, pois não se trata de um fato real, é articulado com a função normativa do complexo de Édipo: ele vem representar ao mesmo tempo o traumatismo do sexual e a proibição do incesto. Ele é então, simultaneamente, neurotizante e civilizador.

Somos então naturalmente levados a expor um outro aspecto da teoria freudiana, muito conhecido do grande público: a teoria da sexualidade infantil ou teoria sexual freudiana.

Em 1905, Freud publica um livro intitulado *Três ensaios sobre a teoria da sexualidade*.[14] Esse livro causará escândalo por múltiplas razões. O público não pode aceitar com facilidade a existência de uma vida sexual da criança, mesmo que, ainda aí, Freud não tenha sido o primeiro a afirmá-lo, pois essa vida sexual é coberta pela amnésia e não pode se revelar facilmente à observação direta da criança; foi a prática da psicanálise, e não a observação, que revelou a vida sexual da criança para Freud. Além disso, a criança aparece como um perverso polimorfo, o que é moralmente inaceitável: comparar a criança, símbolo da inocência, a um perverso, objeto de todas as reprovações. Se *A interpretação dos sonhos* era um livro sobre o desejo, os *Três ensaios* são centrados sobre a idéia da pulsão, definida essencialmente pela finalidade que ela visa atingir. Os *Três ensaios* dão lugar a vários desenvolvimentos da parte de seu autor, mas a estrutura da teoria do sexual permanecerá inalterada. O sexual é apresentado nesse livro como distinto da sexualidade genital. É uma idéia fundamental em Freud; há um sexual pré-genital e pulsões parciais no sentido de que elas são sempre uma

---

14. S. Freud, *ESB*, vol. VII.

parte, um resto, mesmo depois da puberdade, e que buscam atingir sua finalidade própria, independentemente da vontade de unificação do eu.

A pulsão não é redutível a uma necessidade natural e busca satisfação fora de qualquer desejo natural (comer, defecar, conservar a vida). A pulsão origina-se dos orifícios do corpo, tornados então zonas erógenas, mas ao mesmo tempo pertence a um universo simbólico que transcende o universo natural. As pulsões, que não são educáveis, têm destinos diversos em função da evolução edipiana – e um desses destinos é a sublimação. A sublimação da pulsão estaria na origem de todas as grandes criações humanas, culturais, artísticas e sociais. O melhor e o pior do social têm a mesma origem pulsional.

A obra de 1905 é de fato dividida em três partes distintas: a primeira aborda a questão das aberrações sexuais, o que leva Freud a conceber a norma diferentemente dos sexólogos de sua época; a segunda parte é dedicada à sexualidade infantil; a terceira, enfim, fala da puberdade propriamente dita. Freud retoma sua intuição de período de latência entre seis anos e os remanejamentos da puberdade que corresponde a um período de recalcamento. Esse recalcamento é necessário para entrar na vida social: em particular, a criança deve aceitar a vida escolar, e a energia libidinal posta à sua disposição deve ser usada com finalidade de aprendizagem. Mas esse período de latência é, segundo Freud, fonte de neurose, ela é característica da sexualidade humana e não existe na natureza, isto é, entre os animais.

Os *Três ensaios* constituem um livro profundamente inovador que inflige uma ferida em todos os que querem, sob o efeito da amnésia, guardar a imagem da criança inocente a partir da qual fundam um ideal moral e social. Freud propõe algo completamente diferente, afirma a existência e as características da sexualidade infantil, suas exigências, sua insistência repetitiva que não deixa nenhuma trégua ao homem, o destino neurótico ou sublimado dessa sexualidade; o homem não conheceu uma idade de ouro sem sexualidade, e é, a partir de seu nascimento ou mesmo antes, um ser sexuado às voltas com as pulsões que se organizam independentemente da satisfação das necessidades naturais e do instinto de conservação. A psicanálise propõe-se a tomar essa dimensão da sexualidade infantil, na origem do mal-estar sexual do homem, para tentar apaziguar esse mal-estar, reorientar os restos de pulsões sexuais na direção do desejo que se mostra socialmente útil ou eficaz. Enfim, nos *Três ensaios*, a noção de pulsão, *trieb* em alemão, distingue-se da noção habitual de instinto. Da mesma forma que o Édipo é um avatar da interdição do incesto que afasta o homem da natureza, a pulsão é um resto do império da linguagem sobre o corpo, o que a diferencia do instinto, termo que se reserva à psicologia animal, mundo no qual a função sexual está essencialmente submetida ao instinto natural e a serviço da função de reprodução da espécie. As pulsões sexuais não pertencem senão ao mundo do homem.

Com o *narcisismo* e a *pulsão de morte* concluiremos nossa exposição sobre os principais conceitos freudianos. Escolhemos esses conceitos porque cada um deles é o testemunho de uma virada importante no desenvolvimento do pensamento freudiano. Com o narcisismo, Freud operará uma primeira mutação. O ano de referência é 1914, o mesmo da publicação de seu artigo *Sobre o narcisismo*.[15] O narcisismo é assim designado em referência ao mito romano de Narciso[16], que se apaixona por sua

---

15. S. Freud, *ESB*, vol. XIV.
16. É Ovídio que conta esse mito (cf. Daniel S. Milo, *Pour Narcisse*, junto ao autor em Paris, 1997).

própria imagem. Antes de introduzir a teoria do narcisismo, Freud já havia falado a esse respeito sobre os homossexuais e os psicóticos, isto é, sobre "patologias" nas quais o indivíduo opera seja uma retirada da libido, seja um investimento de seu semelhante do mesmo sexo como objeto sexual. O conceito de narcisismo deve ser entendido em Freud sobre um fundo de querela, de desacordo com Jung a respeito das psicoses. No início, Freud tem uma concepção econômica do narcisismo: é uma fase da libido, seja daquela que permanece *no* eu, seja daquela que reflui dos objetos *para* o eu. O narcisismo deve ser distinguido do auto-erotismo. Ele está em ação nas psicoses em que se observa uma retirada do mundo; o psicótico não investe em nada além de seu eu próprio, o que é sempre acompanhado de um delírio que diz respeito à origem e seu auto-engendramento. Freud retoma a teoria de Karl Abraham.

Posteriormente, Freud afinará sua concepção e virá a distinguir dois tipos de narcisismo: o primário e o secundário. O narcisismo primário designa um estádio muito precoce em que a criança investe toda a libido da qual dispõe sobre si mesma, e o narcisismo secundário faz referência a uma retirada da libido que estava dirigida sobre objetos e que retorna secundariamente sobre o eu. Freud tem o mérito de fazer a noção de narcisismo sair de sua conotação perversa. Não há somente patologias narcísicas, como a psicose ou a homossexualidade, há também um destino normal do narcisismo secundário: é aquele que se encontra em ação na constituição de uma instância pós-edipiana normal e estruturante, o ideal do eu. Os avatares do desenvolvimento do narcisismo constituem uma dificuldade importante no manejo das curas analíticas, pois são ao mesmo tempo sintomas e resistências.

Com o conceito de narcisismo, toda a teoria do eu encontra-se remanejada, o que constitui uma mutação considerável. O eu torna-se um objeto passível de ser investido pela libido, e não mais somente uma instância de domínio da consciência. Ele pode ser "o agente da loucura, ao menos tanto quanto da razão".[17] Lacan acentuará essa direção desenvolvendo o "estádio do espelho" e fazendo do eu o lugar de todas as alienações imaginárias.

O remanejamento teórico sobre o narcisismo ocorreu entre 1909, data das conferências nos Estados Unidos, e 1919; ele abre um período no qual Freud irá introduzir a noção de pulsão de morte.

Com o conceito de instinto de morte, Freud ilustra sua incrível capacidade de remanejar completamente toda sua teoria. Essa noção aparece pela primeira vez em 1920, num artigo intitulado "Além do princípio do prazer".

A noção de pulsão se dividirá em duas: a pulsão sexual propriamente dita e a pulsão de morte, cuja natureza sexual é problemática. Ela se define assim: "No psiquismo há uma pulsão permanente em ação que tende a levar o indivíduo ao nada". O sujeito se depara com uma dualidade conflituosa de suas pulsões. Freud resume assim: "a finalidade de toda a vida é a morte".

De onde parte essa idéia de pulsão de morte? De duas fontes: a primeira é puramente clínica. Freud constata que o indivíduo é induzido a repetir situações que são fontes de desprazer, por exemplo nas condutas de fracasso de repetição ou na neurose traumática, na qual o sujeito revive sem cessar as circunstâncias de seu traumatismo. Essa constatação clínica não concerta com a primeira dualidade freudiana, princípio de prazer/princípio de realidade, pois há evidentemente todo um setor clínico que escapa à lei da supremacia do princípio de prazer e

---

17. O. Mannoni, *Freud*, Paris, Le Seuil, 1968, p. 151. [Ed. bras.: *Freud: uma biografia ilustrada*, trad. Maria Luiza X. de A. Borges, Rio de Janeiro, Jorge Zahar, 1994.]

a seu corolário, o princípio de realidade. Para integrar esse setor clínico, Freud introduz uma outra dualidade, a das pulsões, com o risco de colocar em perigo sua hipótese do "todo sexual".

A outra fonte é uma observação feita por Freud a respeito de uma criança. Esta jogava repetitivamente um carretel de madeira quando sua mãe saía. Ela emitia uma interjeição, ó-ó-ó, que queria dizer *fort* (*saiu*, em alemão), e em seguida fazia com que reaparecesse, emitindo um *da* (*aqui*) alegre. Com esse jogo linguageiro, a criança superpõe uma atividade simbólica desaparecimento/reaparecimento sobre o fundo da ausência de sua mãe.[18]

A compulsão à repetição evidencia a dificuldade de explicar o traumatismo do desaparecimento só pelo princípio de prazer. A criança, apesar do domínio simbólico e do caráter ativo de seu jogo, que lhe dá prazer, não está em condições de canalizar o traumatismo do desaparecimento de sua mãe, de onde o caráter compulsivo infinito desse jogo, testemunha do fracasso do princípio de prazer.

Essas duas fontes diferentes levaram Freud a pôr em dúvida a supremacia do princípio de prazer no funcionamento psíquico. É o sentido de sua noção de "além do princípio de prazer".

No psiquismo humano, uma pulsão de morte está em ação e leva o indivíduo a voltar sem cessar às situações nas quais esteve real ou simbolicamente confrontado ao seu aniquilamento.

Com a pulsão de morte, Freud operará revisões teóricas e éticas que dizem respeito aos limites da análise, sobre os quais voltaremos a falar. Podemos ver a noção de pulsão de morte em ação em vários livros clássicos:

---

18. S. Freud, *ESB*, vol. XVIII.

O deserto dos tártaros*, de Dino Buzzati, *A montanha mágica***, de Thomas Mann, ou ainda *Le rivage des Syrtes****, de J. Gracq.

---

* Dino Buzzati, *O deserto dos tártaros*, trad. Aurora Fornoni Bernardini e Homero Freitas de Andrade, Rio de Janeiro, Nova Fronteira, 2003 (2ª ed.). (N. T.)

** Thomas Mann, *A montanha mágica*, trad. Herbert Caro, Rio de Janeiro, Nova Fronteira, 1980. (N. T.)

*** J. Gracq, *Le rivage des Syrtes*, Paris, Éditions Corti, 1951. (N. T.)

3
A técnica psicanalítica

O próprio termo "técnica" é contestado pelos psicanalistas, mas tem o mérito de designar, na linguagem comum, o conjunto dos procedimentos que colaboram para o estabelecimento de um método. A descoberta freudiana foi feita por etapas e a técnica evoluiu na medida não somente dos progressos no conhecimento, mas também em função de critérios mais pessoais, que dizem respeito ao próprio Freud. No início, havia a hipnose e a sugestão. A psicanálise adveio, enquanto técnica, da hipnose; alguns, como Chertok, chegaram a afirmar que a hipnose continua a ser o impensado da psicanálise, lembrando assim que a relação entre psicanálise e hipnose jamais foi verdadeiramente elucidada.

Freud descobriu inicialmente que os verdadeiros motivos de nossos pensamentos, de nossos atos, não nos são sempre conhecidos, isto é, os processos psíquicos nos são escondidos, em particular os mais potentes. Essa proposição está diretamente ligada à técnica hipnótica. Se Breuer constata um laço entre os sintomas e determinadas lembranças, esse elo é estabelecido pelo próprio paciente, sob o efeito da hipnose conjugada à investigação do médico. Mas a hipnose tem o inconveniente de mascarar as resistências ao estabelecimento desse laço. Freud descobre então as raízes dessa resistência, a idéia de recalque.

O sujeito recalcou afetos, lembranças que têm relação com traumatismos. Esses traumatismos são todos de natureza sexual infantil. A supressão dos recalques pelo método hipnótico catártico provoca o desaparecimento de cada sintoma particular em relação a um recalque particular. Rapidamente o método hipnótico se mostra muito pesado, ineficaz em alguns pacientes, e se constata o reaparecimento dos sintomas de forma por demais sistemática para que a técnica não seja questionada, em particular a sugestão.

A partir do momento em que Freud atribuiu ao recalque a origem da criação dos sintomas, foi em busca do melhor método para obter a supressão desse recalque. Essas pesquisas vão orientar-se para o método associativo, que já é conhecido há muito tempo. Freud aplicará esse método deixando o paciente associar livremente, sem entraves; as associações conduzem o paciente inevitavelmente para momentos de ruptura, no fio da narrativa, que estão em relação com a idéia ou com o afeto recalcado; a interrupção do curso das associações é o efeito de uma resistência – a resistência é a manifestação, no consciente, de um processo de recalque; é necessário então lutar contra ela a fim de permitir a supressão do recalque.

Depois da hipnose, Freud utilizou um método intermediário: apoiava dois dedos sobre a fronte do paciente pedindo-lhe que associasse livremente; depois aprimorou uma técnica diferente:

> Convidamos o doente a colocar-se num estado de auto-observação, sem dissimulação, e a nos comunicar todas as percepções internas que ele fará assim, e na própria ordem em que as fizer: sentimentos, idéias, lembranças. Nós o intimamos expressamente – regra fundamental – a não ceder a nenhum motivo que lhe poderia ditar uma

escolha ou uma exclusão, seja porque são por demais agradáveis ou por demais indiscretas, ou pouco importantes, ou absurdas demais para que se fale delas. Enfatizamos que deve afastar qualquer crítica contra o que ele acha.[1]

A técnica repousa então na livre associação e sobretudo na regra fundamental que prescreve ao paciente nada omitir no decorrer de suas associações. O enunciado dessa regra fundamental será retomado por Freud em 1912 num artigo intitulado "Conselho aos médicos".[2] Ela pode ser resumida assim: "Você deve dizer tudo o que lhe passa pela cabeça" e tem um corolário, ou melhor, uma contrapartida do psicanalista que se enunciaria: "Posso escutar tudo". Conviria discutir a recebilidade* lógica de tais enunciados, mas a finalidade de sua enunciação é criar um dispositivo, um quadro que torne possível a cura analítica. "Posso escutar tudo" implica, no analista, aquilo que Freud chama de uma atenção flutuante, isto é, uma disponibilidade em receber os propósitos do paciente sem fixar sua atenção nos detalhes nem operar prematuramente uma síntese. Freud recomenda não tomar notas, deixar a memória agir livremente, evitar algumas armadilhas, tais como a sugestão, com a finalidade de apaziguar um desejo terapêutico excessivo, ou as diretivas educativas, que correm o risco de reforçar as resistências.

O analista não é um diretor de consciência. Freud alerta os médicos contra a busca de uma cumplicidade

---

1. S. Freud, citado por J.-C. Filloux em *L'Inconscient*. Paris, PUF (Col. Que sais-je?). Na *ESB*, está no vol. XXIII, parte II, cap. VI: "A técnica da psicanálise".
2. S. Freud, *La Technique psychanalytique*, op. cit., p. 61.
* Recebilidade: neologismo que se refere ao caráter daquilo que é recebível, que se pode receber. (N. T.)

intelectual no paciente, com a leitura de obras psicanalíticas proposta prematuramente, a busca de informações ou de apoio do círculo familiar.

O quadro prevê ainda um outro dispositivo: o paciente fica deitado num divã e o psicanalista se senta atrás, sem ser visto por ele. Esse dispositivo tem três motivos: ele não é habitual, o que impossibilita uma convenção social comum; torna a regressão do paciente favorável; e, enfim, conviria ao próprio Freud. A esse respeito vale citá-lo:

> Devo as regras técnicas aqui expostas a uma longa prática. Elas me foram ensinadas à minha própria custa ao empregar outros métodos. Observar-se-á facilmente que essas regras – ou ao menos algumas dentre elas – podem ser resumidas em uma só. Espero que ao concordar com elas os praticantes evitem muitos esforços inúteis, bem como certas omissões, mas não hesito em acrescentar que esta técnica é a única que me convém, pessoalmente. Talvez um outro médico, com um temperamento completamente diferente do meu, possa ser levado a adotar, em relação ao doente e à tarefa a ser realizada, uma atitude diferente. E isso eu não ousaria contestar.[3]

A partir do conceito de atenção flutuante do psicanalista, múltiplas questões surgirão. A atenção flutuante exige que o psicanalista já se tenha submetido a uma "purificação analítica", isto é, que ele possa ter, no tocante ao seu próprio inconsciente, uma relação tal que não entrave sua escuta. Como chegar a esse estado de atenção flutuante, condição do quadro analítico?

No início, Freud recomendava somente que o psicanalista soubesse analisar seus sonhos; depois ele adicionará

---

3. S. Freud, "Conseil aux médecins", in *La Technique psychanalytique*, op. cit., 1953.

a exigência de suportar a transferência, isto é, de manter o quadro ético da cura, apesar das armadilhas amorosas ou de ódio que a dinâmica da transferência criará sob o efeito das resistências, a fim de pôr um termo à cura. Mais tarde ele se dará conta, a partir da experiência, que todo analista precisa se submeter a uma cura pessoal, com finalidade didática. Dito de outra maneira, o analista deve se formar. Trata-se, em seu espírito, menos de aprisionar o inconsciente, mas de ter uma experiência pessoal, como evidência vivida e não como simples crença ou adesão intelectual. A primeira das formações do analista é pessoal, é a pedra angular do dispositivo.

A partir de 1920, sob a influência do Instituto de Berlim, critérios de formação foram implementados com validação feita, em cada etapa, por comissões *ad hoc*. O Instituto de Berlim foi criado pela seção alemã da Associação Psicanalítica Internacional (IPA), ela mesma fundada em 1910, por ocasião do congresso de Nuremberg. O analista deve submeter-se a uma análise didática, sua prática deve ser sujeitada a controles, ele deve seguir ensinamentos teóricos, etc. Muito rapidamente, percebe-se que o engessamento dos critérios de formação, sua uniformização, tem como efeito a produção de muitos inconvenientes. O Instituto de Berlim foi criado no momento em que se torna conhecido pelos alunos o câncer na mandíbula de que Freud sofre. Alguns deles, entre os quais Bernfeld, pensam que não há nisso só uma coincidência no tempo: o Instituto de Berlim seria uma resposta institucional ao medo que se apoderou da comunidade analítica no que concerne à transmissão da psicanálise, no caso de Freud vir a desaparecer rapidamente. Os critérios implementados pelo Instituto de Berlim continuam a ser uma referência universal, mesmo que já não sejam mais aplicados em todos os lugares, mesmo no seio da IPA.

Um dos obstáculos encontrados pelos teóricos da formação dos psicanalistas sempre foi a impossibilidade de definir critérios, padrões que sejam satisfatórios, que sejam adequados ou que sejam outra coisa que não fundamentos visando a perpetuar a burocracia que reina nos pincaros dos institutos de formação. Essa ausência, essa carência criteriológica é crônica, pois se deve à própria natureza da psicanálise. O *corpus* teórico-clínico que representa a psicanálise não é assimilável a uma ciência que se transmite por entrega de saber, nem a um artesanato com transmissão de um saber-fazer; a psicanálise tem um estatuto híbrido, instável, que torna complexa sua transmissão e incertos os critérios de formação. Não há modelo a seguir, nem estilo a imitar, cada analista deve poder enfrentar cada nova cura sem preconceitos, deve se posicionar como se precisasse reinventar a psicanálise. Sua formação se demonstra *a posteriori*.

Lacan renovou a questão da formação dos analistas[4] e sua contribuição é muito vasta. Conhecemos sua famosa fórmula: "o analista se autoriza por si mesmo". Esse aforismo fez muita tinta ser gasta, mas não está aberto a qualquer interpretação. Lacan não buscou erigir uma regra de soberania, mas sim enunciar um fato constatável – o analista deve fazer face somente aos efeitos da cura, aos efeitos da transferência e ao seu desejo de analista.

Freud, diante das mesmas dificuldades, preconiza que os analistas, fora os controles, se submetam pessoalmente a uma nova cura a cada cinco anos.

Mas no início da psicanálise há Freud. E Freud fez análise? Nem todos os seus primeiros discípulos também se submeteram a uma análise em boa e devida forma.

---

4. Cf. M. Safouan, *Jacques Lacan et la question de la formation des analystes*, Paris, Seuil, 1983. [Ed. bras.: *Jacques Lacan e a questão da formação dos analistas*, trad. Leda M. V. Fischer, Porto Alegre, Artes Médicas, 1985.]

Freud fez auto-análise? A psicanálise se auto-engendrou? A resposta corrente é a de que Freud fez um trabalho analítico em que se mesclaram um trabalho de auto-análise e outro de correspondência com Fliess. Didier Anzieu, Octave Mannoni e Eric Porge aprofundaram particularmente essa questão. Se uma auto-análise é impossível, Freud conseguiu transpor a barreira epistêmica que impunha que os processos mórbidos sejam analisados de uma forma diferente que não os processos psíquicos de cada um, o que lhe permitiu se engajar numa introspecção psíquica de suas lembranças, de sua infância e principalmente de seus sonhos. Paralelamente a esse procedimento, ele manteve uma correspondência íntima, científica e profunda com um médico otorrinolaringologista de Berlim, W. Fliess. Atualmente se reconhece que Fliess era um paranóico delirante que havia produzido um sistema pseudocientífico totalizador, no sentido de uma teoria paralógica que buscava tudo explicar. Essa configuração na origem da psicanálise – uma introspecção, uma correspondência com um paranóico e uma experiência clínica com as histéricas – é completamente diferente daquilo que se compreende habitualmente por auto-análise. Fliess não foi o analista de Freud, mas contribuiu para encarnar uma figura de "sujeito suposto saber", conceito lacaniano que define a função que o paciente atribui habitualmente ao seu analista. As pacientes de Freud, as histéricas, também contribuíram para sua análise, dividindo essa função de "sujeito suposto saber", o que significa que Freud se deixa ensinar pelas suas pacientes, rompendo ainda aí com o método médico tradicional, no qual o médico "sabe" e o paciente espera a cura advinda desse saber.

Dito de outra forma, no início da psicanálise não houve auto-análise, não houve análise original, mas sim um feixe de parâmetros distintos que contribuiu para que

Freud se tornasse analista. Esse modo singular de formação, se não pode servir de modelo de referência, continua a produzir efeitos nas modalidades de transmissão da psicanálise e em certas lutas intestinas do movimento psicanalítico.

A técnica analítica evoluiu, não ficou petrificada; por exemplo, Freud recebia seus pacientes todos os dias para uma sessão de uma hora e depois por somente cinqüenta minutos. Como se define uma psicanálise hoje em dia? Como se faz a diferença entre uma psicanálise e uma psicoterapia?

Num texto publicado em 1919 e traduzido em francês sob o título "Les Voies nouvelles de la thérapeutique psychanalytique"[5], Freud abre o caminho para modificações da técnica. Trata-se de uma intervenção no V Congresso de Psicanálise, ocorrido em 1918 em Budapeste.

> Nunca nos vangloriamos, como vocês sabem, de possuir conhecimentos e poder perfeitos, completos; como no passado, estamos sempre dispostos a admitir as imperfeições de nossos pontos de vista, a integrar a eles novas noções e a modificar nossa técnica a fim de aperfeiçoá-la.

A técnica é modificável em função dos novos dados clínicos, das exigências terapêuticas; Lacan chegará a dizer que não há cura analítica típica, mas somente variantes.

Em 1918, Freud evoca as possibilidades de mesclar à psicanálise certas técnicas, como a sugestão ou a educação, em função tanto da estrutura psíquica da neurose do paciente como das condições sociais desse paciente, e chega até mesmo a falar de "psicoterapia popular". Mas essas inovações técnicas devem ser feitas respeitando-se

---
5. S. Freud, *La Technique analytique*, op. cit., p. 131.

uma ética: ele recusa, por exemplo, impor um ideal moral ao paciente, por pensar que isto se trataria de uma tirania disfarçada. Afirma ter alcançado sucessos terapêuticos com pacientes que não tinham nenhum laço de raça, de religião ou de opiniões gerais com ele. As novidades técnicas são feitas para facilitar a obtenção do fim da psicanálise que Freud define assim:

> Dissemos que nossa tarefa terapêutica consistia em fazer o neurótico conhecer as emoções recalcadas e inconscientes que existem nele e, com essa finalidade, descobrir as resistências que se opõem a essa tomada de consciência de si mesmo.[6]

Atualmente, a definição de uma psicanálise permanece problemática. Alguns afirmam que uma psicanálise se define por um quadro preciso: várias sessões semanais, com o paciente deitado sobre o divã, submissão à regra fundamental, retribuição ao psicanalista feita diretamente pelo paciente, pagamento das sessões perdidas. Antes de iniciar uma psicanálise, há entrevistas preliminares nas quais o analista se esforçará para avaliar as chances de um tratamento psicanalítico benéfico para o paciente, em função de sua aptidão para a livre associação, de seu olhar interior, de seus conflitos psíquicos, dos remanejamentos possíveis, etc.

Mas convém ser prudente; nenhum quadro material, nenhum dispositivo garante a realização de uma análise; por exemplo, alguém pode ir várias vezes por semana a um analista e deitar-se no divã sem que na verdade nenhuma análise se produza; ao inverso, outra pessoa irá uma só vez por semana, sentar-se-á diante de seu

---

6. S. Freud, *La Technique analytique*, op. cit., p. 131.

psicanalista, efetuará trocas com ele e um verdadeiro remanejamento psíquico se produzirá.

Além da regra fundamental, Freud também prescreveu uma outra, a regra de abstinência. O paciente deve ficar, diz ele, num estado de frustração que permita ultrapassar as resistências. Essa regra deve ser aplicada caso a caso, pois não pode alimentar o masoquismo ou ser usada muito tempo em proveito de uma autopunição que tem relação com um sentimento de culpabilidade inconsciente.

Em outras palavras, as regras enunciadas estão sempre sujeitas à dúvida ou, mais exatamente, à adaptação em função da direção da cura. Classicamente, o psicanalista fica silencioso e só intervém em circunstâncias muito particulares, por exemplo a possibilidade de interpretar alguma coisa na transferência, de tirar partido de um equívoco permitido pela polissemia da língua – isto é, do fato de que uma palavra possa ter várias significações –, de abrir para o paciente a via de questionamento das conclusões que seus sintomas provocam, ou mesmo de interpretar um sonho a partir das associações do paciente. Tudo é questão de oportunidade e de tato.

Geralmente compreende-se por psicoterapia o conjunto de técnicas que, inspiradas na psicanálise, aliviam o dispositivo da cura: o psicanalista intervém mais freqüentemente, há mais interatividade, busca-se ultrapassar as resistências por meio de métodos mais ativos, mais sugestivos. Essas técnicas têm seu interesse e suas indicações. Não se deve confundi-las com métodos que só levam em conta as restrições exteriores do tratamento – duração muito longa, custo excessivo –, pois, ao tentar aliviar demais o dispositivo, obtém-se um resultado contrário à finalidade buscada: reforçam-se as resistências, sobretudo depois de uma melhora passageira. As psicoterapias analíticas também não são curas que obtêm o mesmo resultado que a psicanálise, mas a um custo menor de tempo e de dinheiro. São adaptações da técnica em função de considerações clínicas ou materiais que buscam a mesma finalidade que a psicanálise e se mantêm dentro do mesmo quadro ético.

As psicoterapias analíticas formam uma passarela entre a psicanálise e a medicina. Do ponto de vista clínico, o prático pode propor uma psicoterapia em função, por exemplo, dos riscos que ele supõe que podem ocorrer ao se instaurar rapidamente demais uma cura analítica devido à importância das carências afetivas, de uma inibição intelectual de origem neurótica, da possibilidade de *insight* (olhar interior), ou da intensidade da demanda de atenuar o sofrimento neurótico. A função de suporte, sempre presente na psicoterapia analítica, pode temporariamente identificar-se com a função curativa sem infringir a regra de abstinência. Ao contrário, nada impede que, devido à proximidade ética, uma psicoterapia se transforme em "cura típica".

As curas analíticas exigem um investimento de tempo e dinheiro da parte do paciente, o que não quer dizer que se deva reservar o tratamento somente às pessoas afortunadas. Psicoterapias analíticas podem perfeitamente ser praticadas no quadro da Sécurité Sociale.* A existência de um terceiro que pague não constitui em caso algum um obstáculo intransponível para o desenvolvimento de uma psicoterapia analítica. Freud havia projetado tratamentos gratuitos:

> Nesse momento, edificaremos estabelecimentos, clínicas tendo à frente médicos psicanalistas qualificados e nos esforçaremos, com a ajuda da análise, em conservar a resistência e a atividade dos homens que, sem isso, se

---

* Instituição estatal encarregada dos benefícios sociais na França. (N. T.)

entregariam à bebida, das mulheres que sucumbem sob o peso das frustrações, das crianças que não têm escolha senão entre a depravação e a neurose. Esses tratamentos serão gratuitos.[7]

Além da psicoterapia analítica, há métodos inspirados pela psicanálise, mas que se afastam dela do ponto de vista do quadro: o psicodrama analítico, a psicoterapia familiar ou a psicoterapia breve.[8] Qualquer que seja o método empregado, Freud indica que a responsabilidade da cura e de seus efeitos repousa inteiramente sobre o médico.

A psicanálise é um modo de investigação dos processos psíquicos, mas também é um método terapêutico. A quem se dirige? Quem tem necessidade dela? Freud pensava que a psicanálise, enquanto tratamento, deveria ser reservada aos neuróticos, isto é, às pessoas que sofrem de uma patologia mental específica, designada sob o termo de neurose. Há três grandes variedades de neuroses: a histérica, a fóbica e a obsessiva. É interessante notar que a neurose histérica desapareceu da nosografia oficial psiquiátrica que, em contrapartida, conserva as fobias e a obsessão. Fora as neuroses, reconhecem-se duas outras categorias de patologias: as psicoses e as perversões. Essas classificações, saídas diretamente da psiquiatria, não são necessariamente pertinentes no campo da clínica analítica. Há muitos anos substituiu-se o termo "neurose" pelo termo "estrutura". Lacan propôs esta palavra em referência à lingüística de Saussure, pois queria enfatizar as relações que os elementos que constituem cada uma das estruturas têm entre si. As estruturas não devem ser concebidas como inatingíveis, pois são o

---

7. S. Freud, *La Technique analytyque*, op. cit., p. 141.
8. Ver D. Widlöcher & A. Braconnier (org.), *Psychanalyse et psychothérapies*, Paris, Flammarion, 1996.

produto de uma história individual que pode ficar sujeita a um remanejamento por ocasião de uma análise.

Freud publicou, em *Cinco psicanálises*, um caso de neurose histérica, o caso "Dora"; um caso de fobia, "O pequeno Hans"; e um de neurose obsessiva, "o homem dos ratos". Esses três casos são reunidos nessa coletânea com a observação de um paranóico, o presidente Schreber, e um outro caso, "o homem dos lobos". Essas observações são muito preciosas, pois ilustram de bem perto o método analítico.

Tomemos por exemplo o caso Dora: trata-se de uma cura muito breve, que não finalizou num resultado terapêutico decisivo. A neurose histérica se caracteriza por uma grande plasticidade que a faz variar em função do contexto social, cultural ou político. Dora tem dezoito anos e é filha de um ex-paciente de Freud. Os pais de Dora são amigos do senhor e da senhora K. A senhora K. é a amante do pai de Dora – esta não tem nenhuma dúvida a respeito – e o senhor K. faz uma corte assídua à garota.

De que sofre Dora? De tosse, afonia, dispnéia, perturbações de humor, depressão. A questão de Dora se articula em torno da feminilidade. O que é uma mulher? E a personagem central para ela é a senhora K., pois condensa nessa mulher dois elementos essenciais: esta é uma mulher para o pai de Dora, o que a mãe da garota não chega a sê-lo, e ela faz do pai de Dora uma outra coisa que não o impotente na cabeça de uma mulher. A estrutura histérica de Dora vai se desdobrar em torno desse carrossel de quatro pessoas: a insatisfação da relação com sua mãe, a ausência de feminilidade da mãe, o caráter impotente do pai no espírito e no discurso da mãe, e enfim o objeto de desejo do pai, no caso a senhora K.

Freud fracassará no seu trabalho analítico com Dora, provavelmente por subestimar o papel da senhora K., mas essa observação corajosamente publicada é insubstituível para o estudo da histeria e para o esclarecimento dos elementos constitutivos da estrutura histérica. Sob um outro ponto de vista, vemos aí em ação as armadilhas e as dificuldades suscitadas pela transferência. Quanto a isso, convém precisar uma idéia fundamental: no decorrer da análise, sob o efeito da transferência, num segundo tempo, se desenvolve uma neurose de transferência que é uma espécie de neurose experimental. O paciente vai reviver as experiências infantis reproduzindo-as na situação relacional com o analista. A arte do analista consiste em ajudar esse paciente a tomar consciência dessa repetição em jogo, a fim de se separar dela, pois essa repetição é ao mesmo tempo a marca do retorno do recalcado e, pela forma que se reveste – demanda de amor, de agressividade, etc. –, uma resistência ao processo analítico. Qualquer passo em falso do analista – responder a uma demanda, ser agressivo ou humilhar o paciente, etc. – estará na origem de um triunfo das resistências e no fracasso da cura. Freud, em seus escritos técnicos, considerou que a interpretação selvagem, prematura, fora da transferência e sem tato era muito menos prejudicial ao paciente que um passo em falso do analista no manejo da transferência. O manejo da transferência, sua importância para a cura, constitui a linha de divisão de águas entre as psicoterapias de inspiração freudiana e qualquer outra técnica psicoterápica. Pôr um fim a essa neurose de transferência é um dos objetivos e um dos sinais do fim da análise.

No decorrer da observação de Dora, Freud precisa sua técnica de interpretação e desenvolve o conceito de regressão. Essa regressão não é cronológica, não é só o retorno ao passado; ela é também reencontro que dirige o futuro, ou seja, a temporalidade em ação numa cura não é linear. Nada ilustra melhor a relação complexa com a temporalidade que este aforismo de Freud: *"Wo es war soll ich werden"* (aí onde *isso* era, *eu* devo advir), que abre para questões éticas e filosóficas.

Além de Dora, Freud nos deixou a observação de uma fobia de cavalos num garotinho de cinco anos, o pequeno Hans, e o caso do "homem dos ratos". Essas duas observações entram no quadro das neuroses como a de Dora. O de Hans é o único caso de psicanálise infantil que Freud publicou.

Mas deve a psicanálise limitar-se ao tratamento das neuroses? As perversões e as psicoses não são acessíveis ao tratamento analítico? Não seria aqui o caso de dar uma resposta definitiva. Freud era levado a considerar que a psicose saía do quadro analítico por causa da regressão narcísica, que impede o estabelecimento da transferência. Entretanto, ele dedicou um trabalho à decifração do delírio do presidente Schreber. Ele comparava as construções propostas pelo analista ao paciente, a respeito de suas lembranças de infância, a um delírio que teria uma verdade histórica. Havíamos observado o papel desempenhado por Fliess por ocasião da descoberta freudiana; ora, Fliess era um paranóico.

Na prática, parece ser difícil efetuar uma cura típica com um paciente psicótico; contudo, inúmeros psicóticos consultam-se com analistas e fazem um trabalho analítico com benefícios bastante apreciáveis. É excessivo afirmar que os psicóticos não estabelecem transferência – eles o fazem de um modo particular: por exemplo, o analista tem um lugar em seu sistema delirante. O campo da psicose, que é o termo médico para a loucura, de fato reúne inúmeras variedades clínicas, e é tão falso dizer que a psicose é acessível à análise quanto afirmar o contrário. "O homem dos lobos", considerado por Freud como um neurótico obsessivo, é percebido atualmente como um psicótico por alguns autores.

Por outro lado, alguns pacientes mostram-se psicóticos no próprio decorrer das curas, o que não é necessariamente nem irreversível, nem previsível nas entrevistas preliminares. Podemos sempre nos perguntar se o analista não desempenhou o papel de aprendiz de feiticeiro, mas, afinal, sem a análise, a fase psicótica poderia ter sido desencadeada em condições de fato mais catastróficas. Sabemos que algumas pessoas podem atravessar um período delirante em certa época de suas vidas, mas que depois tudo volta à ordem.

As perversões colocam outro problema. Elas fazem parte da sexualidade normal e a criança tem disposições perversas polimorfas. Porém, quando se fala de estrutura perversa, designa-se uma estrutura psíquica organizada em torno da denegação. A psicanálise pode ser útil no tratamento de alguns perversos. Por outro lado, essas análises são muito difíceis, devido à relação com a lei, a ser sempre transgredida, e com o outro, a ser sempre manipulado no sentido de um gozo imediato, específico da estrutura perversa.

Para Freud, a homossexualidade é uma perversão sexual, o que não quer dizer que ela seja moralmente condenável. O psicanalista, mesmo que não deva em nenhum caso substituir os pais, os padres, os educadores, que gostariam de fazer "o desviante" voltar ao bom caminho, não tem nenhum motivo para considerar que a homossexualidade está estabelecida de uma vez por todas. De fato, uma prática homossexual pode resultar de um choque neurótico, pode ser destruidora, e não é necessariamente a indicação de uma estrutura perversa. Ainda aqui a ética analítica exige a reação, caso a caso, em função de um destino singular, de uma história única.

Com a psicose, com as perversões, atingimos os limites da psicanálise. Esta não explica tudo e não cura todo mundo. O psicanalista deve evitar marcar com uma etiqueta o paciente que vem demandar um cuidado – esta não é a finalidade das entrevistas preliminares. Contudo, deve buscar marcas estruturais a fim de facilitar a manifestação do inconsciente do paciente, pois o analista toma a responsabilidade de engajar alguém numa cura.

Não existe *a priori* nenhuma garantia de que as coisas ocorrerão como devem. Diante desse acaso que também existe em todo tratamento médico, Freud havia proposto tratamentos experimentais, sendo que outros preconizaram tratamentos exploratórios. Na verdade, essas precauções não servem de grande coisa e as entrevistas preliminares são úteis, mas têm seus limites. De fato, elas não levam em conta nem o tempo necessário a um paciente para revelar no seu ritmo, e para seu maior benefício, os elementos de sua história, nem os fenômenos transferenciais que podem aparecer a partir da primeira entrevista. As entrevistas preliminares servem principalmente para o paciente medir sua vontade de submeter-se a uma cura, e eventualmente para o analista saber se ele pode se engajar nessa nova cura... Há uma troca, como no estabelecimento de um contrato, mesmo que a expressão "contrato psicanalítico" seja inadequada.

Freud jamais defendeu critérios rígidos, nem no campo das indicações da análise, nem no da formação dos analistas, pois acreditava no valor da experiência ética da análise pessoal, que é feita de tato, de independência de espírito em relação a qualquer desejo de educar ou de curar, da coragem necessária para desnodar situações transferenciais complicadas e de certa modéstia em reconhecer os limites de seus poderes sobre outrem.

4
As principais correntes antifreudianas

A doutrina freudiana, desde os primeiros anos de sua difusão, levantou um grande número de críticas. Dentre estas, três correntes principais cristalizaram uma oposição que se revelou fecunda para o próprio movimento psicanalítico, apesar de seu caráter às vezes hostil.

A primeira dessas correntes – a feminista – caracteriza-se por uma recusa da teoria freudiana do primado do falo e do desejo de pênis na garotinha. Essas questões que dizem respeito ao estádio fálico tinham sido levantadas no interior do movimento psicanalítico por autores como K. Horney, H. Deutsch, E. Jones e M. Klein. Tratava-se de um debate entre freudianos concernindo ao aprofundamento de um ponto de teoria. Freud levará em conta esse debate em seus artigos sobre o feminino. Alguns argumentos surgidos no decorrer dessas discussões foram usados por adeptos antifreudianos do feminismo.[1]

O primado do falo é colocado por Freud como um axioma: para os dois sexos, a organização fálica, estádio evolutivo da libido, toma um lugar central. A alternativa resume-se nestes termos: ter o falo ou ser castrado. Da

---

1. S. Freud, XXIII Conferência, "Le Féminin", 1931, in *Nouvelles conférences d'introduction à la Psychanalyse*, Paris, Gallimard, 1984.

resolução singular dessa alternativa depende, para cada um, o posicionamento em relação ao complexo de Édipo e à castração.

O falo não é o pênis. A questão fálica tem para Freud uma dimensão *simbólica*, presença ou não-presença de um único termo, o falo, que pode se tornar um *objeto parcial* destacável do corpo, suscetível de ter equivalentes simbólicos, como as fezes ou a criança. O pênis, devido à sua forma, encarna preferencialmente o falo, mas outros objetos podem substituí-lo. Essa idéia do primado do falo aparece várias vezes em seus *Três ensaios sobre a teoria da sexualidade*.

> A criança aceita que haja dois sexos sem objeção e sem dar a esse fato muita importância. Os garotinhos não têm dúvida de que todas as pessoas que encontram têm um aparelho genital semelhante ao seu; não lhes é possível conciliar a ausência desse órgão com a idéia que eles têm de outrem.[2]

A crença no aparelho genital masculino único para os dois sexos não está reservada somente aos meninos. As meninas partilham dessa crença, mas seus efeitos são naturalmente diferentes.

> A hipótese de um só e mesmo aparelho genital (do órgão macho em todos os homens) é a primeira das teorias sexuais infantis, curiosas de serem estudadas e fecundas em conseqüências. [...] A garotinha, por outro lado, não se recusa a aceitar e reconhecer a existência de um sexo diferente do seu, uma vez que tenha visto o órgão genital do menino; ela está sujeita à inveja do pênis, que a

---

2. S. Freud, *Trois essais sur la théorie de la sexualité*, Paris, Gallimard, 1962, p. 91.

leva ao desejo, tão importante mais tarde, de ser, por sua vez, um menino.³

O primado do falo para a sexualidade humana condiciona a inveja do pênis na menina. Essa hipótese levantará uma oposição tenaz; alguns autores negarão o caráter primário da inveja do pênis; para eles, tratar-se-ia de uma construção secundária visando a esconder, a ocultar desejos mais primitivos, mais antigos. Outros autores têm uma opinião mais radical: Freud fala como homem, e sua hipótese não corresponde de modo algum à clínica, em particular sobre o que as mulheres dizem de sua sexualidade infantil. O primado do falo é uma teoria falocrática, que ignora a particularidade da sexualidade feminina e a inveja do pênis nada mais seria que uma simples projeção da inveja do seio no homem; Christiane Olivier resumiu bem as objeções à teoria freudiana em seu célebre livro *Les Enfants de Jocasta*.⁴

A inveja do pênis é a seqüela do complexo de castração na menina. Esta sente um ferimento narcísico que coincide com a entrada no complexo de castração. Para Freud, essa inveja persistirá no inconsciente e está na base de dificuldades de caráter; em certas curas, ela constitui o limite intransponível; certos fins de análise ou interrupções prematuras esbarram nessa inveja do pênis, que fixa seu termo.

O complexo de castração vai se organizar diferentemente no menino e na menina. Para a menina, a primeira etapa é a crença no atributo universal (pênis para os dois sexos); esta crença será confortada pela idéia do clitóris como órgão peniano e a ignorância da vagina.

---

3. S. Freud, *Trois essais sur la théorie de la sexualité*, op. cit., p. 92.
4. C. Olivier, *Les Enfants de Jocasta*, Paris, Denoël, 1980. [Ed. bras.: *Os filhos de Jocasta: a marca da mãe*, trad. Neide Luzia de Rezende, Porto Alegre, L&PM, 1985.]

A observação levará a menina a reconhecer que não possui o órgão peniano, de onde a ferida narcísica e o nascimento da inveja do pênis, que se torna inveja fálica. Numa etapa posterior, a menina observará que sua própria mãe também é castrada. Disso decorre um ódio primordial pela mãe, que nem foi capaz de possuir os atributos fálicos, nem de transmiti-los à sua filha. Esse ódio pode levar a menina a tentar se separar da mãe, segunda separação depois da arcaica separação do seio maternal que finaliza na escolha do pai como objeto de amor. A inveja do pênis, que tem sua fonte no complexo de castração, acompanhará a menina em seu complexo de Édipo.

Essa etapa determinará a sexualidade futura dessa garotinha e ela comporta inúmeros acasos. Citemos a recusa de toda sexualidade como recusa de toda rivalidade com o outro sexo, ou bem a inveja do pênis tornada inveja de ser dotada de um pênis, na origem de um fantasma inconsciente de ser, apesar das aparências, um homem, às vezes com um desejo homossexual. Outras soluções também são possíveis: em particular, a inveja de pênis se torna vontade de objetos substitutivos. A substituição é a norma para a menina: o pai substitui a mãe, substituição de zona erógena, a vagina substitui o clitóris, e enfim a inveja do pênis se torna o desejo de ter um filho.[5]

A teoria da primazia fálica, como uma teoria da primazia do macho, leva a ver, em Freud, um defensor da supremacia do sexo masculino. Apesar disso ele se dedica, por meio de sua teoria, a demonstrar a primazia da representação fálica para os dois sexos, representação imaginária em primeiro lugar, mas também representação simbólica, pois o falo se encarna em objetos

---

5. Cf. J. D. Nasio, *Enseignements de sept concepts cruciaux de la psychanalyse*, Paris, Payot, 1992. [Ed. bras.: *Lições sobre os sete conceitos cruciais da psicanálise*, trad. Vera Ribeiro, Rio de Janeiro, Jorge Zahar, 1989.]

intercambiáveis com um jogo de substituição. Lacan prosseguirá com a idéia do falo representação ao discorrer sobre o falo significante, operação da linguagem, isto é, inteiramente desvinculado de qualquer substrato anatômico. O falo é o significante do desejo, objeto da falta na mãe. O falo organiza a vida sexual do homem como limite ao desejo da mãe, desejo incestuoso da mãe, desejo incestuoso pela mãe. Quando Freud afirma que a libido é masculina, indica que ela é estruturada pela representação fálica para os dois sexos. A objeção "feminista" dirige-se a uma concepção reduzida da primazia do falo, quadro no qual uma interpretação no sentido de uma discriminação é possível. Mas, se a noção freudiana do falo é entendida como primazia da representação, o órgão é substituído pelo significante e a ausência de órgão abre a questão da falta com seu corolário, o desejo. Nessa nova concepção, o problema da sexualidade feminina estrutura-se de outra forma: a inveja do pênis nada mais é que uma parte dessa sexualidade, a parte fálica; o outro componente, não-fálico, toca num além do falo – aquilo que Lacan chama de gozo não-fálico, do qual alguns místicos dão testemunho.[6]

Freud confessou de maneira recorrente em sua obra a dificuldade que encontrava em algumas análises diante da questão do feminino, questão que ele chamava pelo sugestivo nome de "continente negro". "O que quer uma mulher?", interrogação incessante, na origem da psicanálise com Anna O. O enigma do feminino é central no sonho da injeção dada em Irma, sonho exposto na *Traumdeutung*; lembremos que ele é considerado o sonho inaugural da descoberta freudiana.

---

6. Cf. J. Lacan, *Le Séminaire "Encore"*, Livre XX, Paris, Seuil, 1975. [Ed. bras.: *O seminário*, Livro 20, trad. M. D. Magno, Rio de Janeiro, Jorge Zahar, 1985.]

Essa não é uma teoria masculina falocrática. Ela se enriquece com escritos de mulheres psicanalistas que, longe de fazer uma oposição ideológica *a priori* a Freud, abriram caminho para uma reiteração inventiva, contribuindo com seu testemunho: a psicanálise pode liberar suas palavras de mulheres.[7] De fato, o feminino permaneceu dentro de um estatuto de heterogeneidade radical para Freud, mesmo que sua atitude tenha sido, ao que parece, mais corajosa que aquela de Breuer, que "fugiu" para não ter que suportar os efeitos da transferência de sua paciente, Anna O.

É provável que Freud nunca tenha se liberado dos preconceitos sexistas que reinavam em sua época e que ainda hoje permanecem, mas sua teoria da sexualidade não pode ser reduzida à de um homem que viveu no século XIX, isto é, à de um fantasma masculino que vê a sexualidade das mulheres através daquilo que desejava que ela fosse, e que data historicamente de uma época na qual os papéis sexual e social da mulher eram oficialmente desvalorizados. A crítica feminista encontra, nesse ponto, outra das grandes correntes de oposição ao pensamento freudiano: a marxista.

Apesar de a ideologia marxista já estar há alguns anos em regressão contínua, é interessante expor as reprovações que alguns marxistas fizeram a Freud, dando através delas um testemunho de um modo de oposição à psicanálise habitualmente encontrado: num primeiro momento, ela é maciçamente rejeitada, depois é promovida de modo excessivo, assim que aparece a possibilidade de recuperá-la em nome de uma ideologia, e de tamponar a crise que essa ideologia atravessa, seja ela de natureza religiosa ou política. Buscam-se, então, na psicanálise os argumentos

---

7. Cf. L. Irigaray, *Speculum, de l'autre femme*, Paris, Éditions de Minuit, 1974.

para resolver a crise. Num terceiro momento, enfim, ela será novamente rejeitada, pois não é mais necessária para cimentar a ideologia ou o ideal de seus adeptos. Na França e em outros lugares, o ostracismo no qual os doutrinadores marxistas mantiveram a psicanálise durou muito tempo, mesmo que certos pensadores – por exemplo, Trotski e Luria – tenham se distinguido pelo seu interesse pela teoria de Freud. Já antes da guerra houve uma cisão no movimento surrealista devido à adesão de alguns de seus membros à doutrina freudiana do sonho.

A hostilidade em relação a Freud desencadeou-se no início da década de 1950, na época da guerra fria. A psicanálise era então associada aos Estados Unidos, considerados como potência diabólica.

Segundo Serge Moscovici[8], a aproximação entre os marxistas e a psicanálise deu-se em torno da década de 1960, sob o efeito de vários fatores: em primeiro lugar, o ensino de Lacan, que denunciou, em seu *Retorno a Freud*, a deriva americana da egopsicologia e que deu um lugar importante ao estruturalismo, teoria que desempenhou um papel de ponte entre o marxismo e a psicanálise; em seguida, o papel de Louis Althusser, intelectual de renome que, num artigo publicado em 1964, legitimou para os marxistas as pesquisas no campo da psicanálise: para Althusser, a psicanálise merecia atenção porque tinha uma parte "científica", cujo objeto era o inconsciente, e uma parte "ideológica", que se poderia lamentar.

Em 1970, André Green resumia magistralmente as relações psicanalistas-marxistas numa revista do Partido Comunista Francês, *La Nouvelle Critique*, nº 37:

> Apesar da satisfação que poderíamos ter com a iniciativa de *La Nouvelle Critique* em estabelecer uma discussão

---

8. S. Moscovici, op. cit.

entre marxistas e psicanalistas, parece-me difícil – ou mesmo impossível – fazê-la sem levar conta um penoso litígio existente entre esses dois campos. Como psicanalista, não posso esquecer as violentas tomadas de posição dos intelectuais marxistas, nesta mesma revista, que tinham finalizado, em 1948, numa acusação de ideologia reacionária. [...] A verdade da psicanálise acabou por se impor. [...] No momento em que se assiste a um desmembramento das concepções totalizadoras, quase se pode dizer que só o marxismo e a psicanálise ousam pretender o título de referente geral, mas suas óticas são tão diferentes que pode parecer imprudente buscar-lhes um ponto de ligação comum.

Esse artigo é particularmente inspirado, pois, em nossos dias, precisamente em prol de uma recusa de qualquer teoria totalizadora, o freudismo será rejeitado por alguns, como se, por uma curiosa reviravolta da história, a psicanálise, depois de ter sido vilipendiada pelos marxistas em nome de suas amarras liberais, fosse agora condenada pelos liberais como uma ideologia totalizadora, comparável nesse ponto com o marxismo. Dado que o marxismo ruiu, o mesmo deveria ocorrer com a psicanálise, última ideologia totalizadora herdada do século XIX.

Antes de chegar a dialogar com os psicanalistas, os marxistas se entregaram a uma crítica encarniçada, a uma propaganda injuriosa e enganadora em relação à psicanálise. Essa ofensiva foi dolorosamente sentida por alguns psicanalistas, que precisaram escolher entre a psicanálise e o partido comunista. Para os marxistas da década de 1950, o mundo estava dividido em dois: de um lado a burguesia, com os Estados Unidos, de outro o proletariado, com a União Soviética. Às críticas filosóficas ou epistemológicas, subjetivismo e idealismo, vão se somar críticas ideológicas e políticas. A maior parte das críticas dirigidas à psicanálise partia de uma posição exterior à doutrina freudiana e visava mais à suposta ação da psicanálise na sociedade que à própria psicanálise. Esta era qualificada de ideologia burguesa e, portanto, condenável em nome de sua utilização pela classe dominante e seu representante por excelência, os Estados Unidos. Pode-se, por exemplo, ler, em *La Nouvelle Critique*, nº 7, de junho de 1949, a respeito da penetração da psicanálise em amplas camadas sociais:

> as forças de progresso e de paz viram-se inquietas com tal situação e buscaram saber em que medida se desenvolvia, sob a égide de uma atividade que se pretendia científica, uma ideologia que implicava finalidades mais ou menos confessas de conservadorismo.

A psicanálise é uma pseudociência, ou só aparentemente científica, então é inútil interessar-se por suas contribuições. Entretanto, essa propaganda antipsicanalítica deixa às vezes lugar para argumentos mais teóricos: a teoria das pulsões e da libido é assimilada a uma teoria dos instintos, portanto irracional e mitológica. O eixo é sempre ciência contra falsa ciência, tendo como pano de fundo a vontade de promover uma psicologia científica que se pensa, aliás, ter encontrado em Pavlov. A teoria dos reflexos condicionados é baseada numa experiência científica, sua legitimidade repousa sobre a validade dos testes científicos, seu fundamento é a matéria, no caso fisiológica, enquanto a psicanálise é qualificada de idealista, de metafísica, de ciência mistificadora.

A essas críticas "teóricas" adicionam-se aquelas sobre a utilização da psicanálise. Segundo a propaganda marxista, a burguesia usa a psicanálise como arma na guerra que trava contra o proletariado e contra a União Soviética; a luta de classes é aí reduzida a condutas agressivas mórbidas e os comportamentos revolucionários são considerados comportamentos desviantes. A psicanálise louva uma pseudoliberação interna, interior, e a cura obtida nada mais é senão uma forma de adaptação ao sistema capitalista; enfim, ela apresenta os conflitos de classe como uma evasão, como uma solução artificial. Aqui ainda se trata de promover a boa teoria, a marxista, que mostra o verdadeiro sentido da "alienação", que não é sexual, mas devida à relação de produção na economia. O marxismo libera do domínio de toda ideologia burguesa, é uma ciência proletária que pode explicar os problemas de nossa sociedade e suas conseqüências sobre a psicologia individual.

É muito difícil apreender através de todos esses discursos quais foram realmente os pontos de debate entre os marxistas e a psicanálise. Uma coisa, entretanto, parece incontestável: a psicanálise, ou melhor, a teoria freudiana, explica o mal-estar do ser humano pelos infortúnios da libido concebida como libido sexual, puramente sexual. Ora, para o marxismo, o trabalho e as vinculações de alienação que estão em ação nas relações de produção é que explicam o mal-estar do ser humano. Alguns analistas, dos quais o mais famoso foi Reich[9], tentaram reconciliar o marxismo e a psicanálise, mas foram rejeitados tanto por um lado quanto pelo outro.[10]

Quanto a Freud, jamais teve simpatia pelo marxismo; ele não acreditava no devir glorioso que os comunistas na União Soviética preconizavam; suas idéias sobre a evolução da sociedade não são "progressistas", mas carregam muito mais as marcas de pessimismo e ceticismo

---

9. W. Reich, *Charakteranalyse,* Copenhague: Sexpol Verlag, 1933. [Ed. bras.: *Análise do caráter,* 4. ed., trad. Maria Lizette Branco, Marina Manuela Pecegueiro, São Paulo, Martins Fontes, 2001.]

10. Cf. R. Kalivoda, *Marx ou Freud, la pensée contemporaine et le marxisme,* Paris, Éditions Anthropos, 1971.

sobre a possibilidade de instaurar a felicidade sobre a terra. Freud jamais concebeu o recalque como um efeito da repressão exercida sobre um sujeito pela sociedade, mesmo que tenha denunciado o caráter repressivo de suas exigências. Nesse sentido, todas as teorias da liberação sexual lhe são estranhas. O recalque não é a repressão de um desejo, é impedir que um desejo venha à consciência como tal. Os marxistas ortodoxos, por motivos bem diferentes, também condenaram essas teorias da liberação sexual, estimando que se tratava de uma falsa visão da opressão econômica, vivida sobre o terreno existencial, e não sobre o terreno social da luta de classes.

Terminemos nosso sobrevôo sobre as críticas dirigidas a Freud, à sua doutrina, examinando as críticas epistemológicas. Desde o início, Freud foi confrontado com a questão da cientificidade da psicanálise; na época moderna, essa questão não é apenas retórica. Freud queria que sua teoria fosse científica não por preocupação de honorabilidade, como disseram alguns, mas porque ele é egresso do mundo científico. Sua prática e sua experiência o fizeram descobrir a existência do inconsciente; ele produz uma indução a partir dessa experiência: o inconsciente é universal, e não somente aplicável às histéricas; e uma dedução: para ter acesso ao inconsciente, ele deduz um método que permite seguir os meandros do recalque, o método de livre associação, o método da psicanálise. A partir dessa descoberta, dessa indução e dessa dedução, Freud buscará circunscrever a natureza do inconsciente e o conteúdo de seu método. Ele volta-se espontaneamente para as ciências para buscar os conceitos suscetíveis de esclarecer seu questionamento. Esperava que elas lhe permitissem compreender e melhor delimitar o que é a psicanálise.

É diferente o procedimento dos epistemólogos, críticos de Freud: seu propósito é desqualificar a psicanálise, que não responde aos critérios de cientificidade ou, pelo menos, à sua concepção de cientificidade. Eles colocam a psicanálise diante de um tribunal epistemológico. Dentre eles, deve-se citar K. Popper. Segundo Popper, o critério principal de cientificidade é o caráter falsificável de uma doutrina. Ora, a psicanálise não responde a esse critério, pois não é possível produzir um comportamento humano que não seja verificação da teoria. Antes de ver a resposta de Freud a essa objeção, examinemos a que ponto ele considerou a matéria, em todos os casos clínicos que vinham em oposição à sua teoria, seja sobre a questão do sonho como realização de um desejo, seja a do ciúme ou a da homossexualidade. Em 1937, Freud publica um artigo intitulado *Construções na análise*, no qual se propõe a responder a uma objeção formulada contra a interpretação analítica:

> Quando você propõe suas interpretações a um paciente, você age em relação a ele segundo o famoso princípio: "Heads I win, tails you lose", isto é, se ele estiver de acordo com a interpretação, está bem, mas, se a contradisser, isso nada mais é que um sinal de resistência e ele ainda lhe dá razão.[11]

A aposta é importante: se Freud não responde à objeção, então a psicanálise aparece como uma doutrina infalsificável, a interpretação é sempre justa ou, dito de outra forma, encontramo-nos diante de um sistema fechado, de uma concepção totalitária. Freud irá comparar o trabalho do analista àquele de um arqueólogo, pois se trata de um trabalho de reconstrução: as lembranças infantis, as noções pulsionais infantis recalcadas, esquecidas, são conservadas intactas em algum lugar do psiquismo. Elas são

---

11. "Constructions dans l'analyse", in *Résultats. Idées. Problèmes*, coletânea traduzida do alemão por Jean Laplanche, Paris, PUF, 1985.

como a tumba de Tutancâmon ou as ruínas de Pompéia, sob o aspecto de que não sofreram a destruição a que normalmente são submetidas as ruínas que formam sítios arqueológicos. Nesse trabalho de reconstituição, o analista proporá construções ao paciente. O que se passa então? É verdade que o paciente e o analista jogam o jogo marcado de "cara eu ganho, coroa você perde"? Não, responde Freud. Se a construção proposta é falsa o paciente não reage, a sugestão não age, as conseqüências são neutras; assim que aparecer um novo material, o analista estará em condições de corrigir seu erro. Uma aquiescência do analisado é equivocada. Pode ser uma forma de resistência que visa esconder outras construções verdadeiras. É necessário esperar confirmações indiretas de adesão do sujeito à interpretação dada por seu analista, por exemplo o aparecimento de novas lembranças para validar a hipótese emitida por este último. Qual é o valor da recusa de uma interpretação? A construção pode ser falsa, e o "não" está então justificado. A recusa pode também provir do caráter incompleto da construção, de nem tudo ter sido revelado, ou de um outro fator ligado à situação da análise, por exemplo um fator transferencial. Para Freud, a melhor confirmação do caráter justo de uma interpretação se encontra nas afirmações do paciente, tais como: "sim, eu jamais teria pensado nisso", ou mesmo na emergência de associações com um caráter análogo ao conteúdo da construção, isto é, no aparecimento, nas associações do paciente, de confirmações indiretas. A finalidade da análise é o levantamento do recalque e o efeito terapêutico pode ser obtido sem que se reencontre a lembrança recalcada; uma construção correta confirmada pelo paciente pode assegurar o mesmo sucesso terapêutico. Esse artigo de Freud ilustra bem seu método, feito de empirismo e de rigor.

A partir das objeções de K. Popper, muitos filósofos das ciências produziram críticas contra o método psicanalítico.

Dentre eles, deve-se citar Adolf Grünbaum, que tenta demonstrar que a psicanálise repousa sobre fundamentos incertos. Grünbaum considera que a teoria freudiana do recalcamento não é pertinente. Quais são seus argumentos? Freud considerou, em seguida aos trabalhos com Breuer, que o recalcamento estava na origem da neurose. O recalcamento dos traumatismos ou, mais tarde, dos pensamentos sexuais infantis constitui o fato etiológico das neuroses. Sobre o que repousa essa argumentação em favor da etiologia "repressiva"? Os sintomas desaparecem depois do levantamento do recalque, com o retorno da lembrança à consciência e com o efeito catártico devido ao retorno do afeto recalcado; além disso, o fato de que os sintomas desaparecem um a um prova que o recalcamento estava na origem de cada um desses sintomas particulares e que seu desaparecimento não era devido a uma sugestão.

> Cada um dos sintomas histéricos desaparecia imediatamente – para nunca mais voltar – quando se conseguia colocar em plena luz a lembrança do incidente desencadeador e despertar o afeto ligado a este último, e quando em seguida o doente descrevia o que lhe havia acontecido, de maneira bastante detalhada, dando à sua emoção uma expressão verbal.[12]

Grünbaum contesta o argumento que tende a provar que o recalcamento é um fator etiológico da neurose, objetando que o efeito placebo pode perfeitamente explicar a sedação do sintoma. E ele define o efeito placebo:

> Quando falo do benefício do tratamento como de um efeito placebo, quanto à perturbação particular tomada

---

12. S. Freud e J. Breuer, *Études sur l'hystérie*, traduzido do alemão por Anne Berman, Paris, PUF, 1971, p. 4.

como alvo, e também quanto à perturbação a uma teoria terapêutica particular, entendo que o efeito positivo constatado é produto de outros fatores de tratamento que não os designados como eficazes pela teoria dada.[13]

O efeito placebo pode existir mesmo que cada sintoma seja suprimido por um levantamento de recalque particular. Dito de outra maneira, não é de modo algum evidente que o efeito terapêutico não seja, de fato, um efeito de sugestão comparável àquele constatado na hipnose. Disto surge um problema suplementar: a partir do conceito de recalcamento, Freud construiu seu método de livre associação, sobre a idéia do determinismo. Se o recalque não é mais a causa do sintoma neurótico, o método de livre associação – que consiste em deixar o paciente associar, até a emergência de representações relacionadas a esse recalcamento – não tem nenhum interesse, só conta o efeito sugestivo, o efeito placebo. Segundo Grünbaum, todo o método freudiano desmorona. De fato, esse autor concebe a psicanálise como assombrada por uma hipótese rival, aquela do efeito placebo. A pertinência causal do recalcamento repousaria sobre hipóteses clínicas pouco convincentes e sobre uma pura afirmação:

> A atribuição do sucesso terapêutico à supressão dos recalcamentos não somente era, mas permanece até os nossos dias, a única garantia da suposta capacidade das livres associações do paciente quanto à autenticação das causas.[14]

Ele conclui, assim, sobre o fracasso de Freud em sua tentativa de fundar a hipótese do fator etiológico do

---
13. Grünbaum, *Les Fondements de la psychanalyse*, Paris, PUF, 1995.
14. Ibidem.

recalcamento sobre as inferências clínicas. Apesar disso, Freud oferecia um argumento suplementar: o levantamento do recalque, tendo uma afinidade temática – quanto ao conteúdo das representações – com os sintomas, produzia uma supressão desses sintomas. Grünbaum contesta que a afinidade temática seja uma incidência causal, pois não é convincente senão nos casos em que existe um fator diferencial discriminante, incidência causal e caráter fortuito; ora, esse fator diferencial não existe, na sua opinião.

Na verdade, a psicanálise não fica arruinada pelo efeito placebo, pois Freud o levou em conta e o compreende no quadro da teoria da transferência. Alguns sonhos produzidos pelo paciente têm como única finalidade arruinar a teoria freudiana, diz ele. Freud afirma, por exemplo, que todos os sonhos são a realização de um desejo infantil inconsciente. Um paciente, devido à transferência negativa, pode produzir um sonho que tende a provar o contrário. Seria a realização desse desejo particular – pôr a tese em contradição – que estaria em ação no sonho.

O efeito placebo não é uma hipótese rival: em 1895, Freud ainda não havia elaborado sua teoria da transferência. Grünbaum confunde a transferência positiva – isto é, o procedimento de amor do paciente em relação ao psicanalista, com o desejo de lhe fazer presente de uma cessação do sintoma – com o desejo do próprio analista. O saber que está recalcado não é constituído previmente, e deve ser produzido pela cura. O desejo de saber é sustentado por um desejo do analista, mas, se esse desejo se tornar sugestão, provocará uma resistência no paciente. Por sua própria natureza, a transferência é um motor da cura e esta não pode acontecer se aquela não se instalar. A transferência é também resistência a essa cura e não produz o efeito placebo de Grünbaum: ela produz uma resistência que é um entrave ao levantamento do recalcamento.

De fato, sob o efeito das transferências, os afetos e as representações recalcadas se repetem na cura, vindo impedir o levantamento do recalque. Quanto mais nos aproximamos do cerne patogênico na origem do recalcamento, mais a tendência à rejeição será forte. O analista irá causar perturbação a essa armadilha da repetição não ocupando o lugar da figura parental que está em jogo nas representações recalcadas: é o drible estrutural da transferência. A gente não se livra das resistências provocadas na transferência através da sugestão. Ao contrário, a sugestão favorece a resistência, mesmo que produza um desaparecimento do sintoma. O desejo do analista não é redutível a uma demanda de cura dirigida ao paciente, o que poderia justificar a hipótese de Grünbaum sobre o efeito placebo; mas o desejo do analista, do qual um dos componentes essenciais é o de tornar a percorrer a descoberta freudiana, deve permanecer obscuro para o paciente, a fim de permitir a este projetar todos os desejos do outro com os quais se deparou no decorrer de sua história infantil.

Se o desejo do analista vem a se fixar sobre uma demanda do paciente, a busca da cura se torna problemática e, nesse quadro, um efeito placebo é concebível numa troca, algo como: "Dado que você responde à minha demanda, eu respondo à sua, por exemplo, de sarar de meu sintoma". Esse efeito placebo é um acidente de percurso e em nada constitui um efeito paradigmático de qualquer cura psicanalítica.

Freud não poupou esforços para teorizar sua experiência clínica, mas a doutrina permanece aberta a diferentes desenvolvimentos e as contribuições a ela feitas são numerosas. Citemos Lacan, por exemplo, que adicionou dois objetos parciais, o olhar e a voz, o que permite circunscrever melhor alguns dados clínicos. Citemos também autores que se interessaram pela prática da psicanálise com crianças, em particular Winnicot e seu conceito de objeto transicional, e Melanie Klein, que desenvolveu a teoria do objeto parcial.

A teoria parte da prática da análise que é centrada na existência do inconsciente. Ora, essa existência resulta de uma convicção, ou até mesmo de uma crença, antes de ser formulada como hipótese a partir de elementos clínicos probatórios e convergentes, de onde o estatuto epistêmico um tanto particular da psicanálise freudiana, situada entre ciência e religião, mas não redutível a uma ou a outra.

5
Biologia e religião

Freud considerava a biologia como "a terra de todos os possíveis" e esperava que um dia os conceitos psicanalíticos encontrassem seu fundamento biológico. Ao longo de sua obra, ele foi influenciado por teorias biológicas, seja explicitamente, seja de maneira difusa, pois elas impregnavam o ar da época, por exemplo o darwinismo. Entretanto, recusava qualquer redução biológica da psicanálise.

Julgava com reserva qualquer teorização psicanalítica proposta por seus adeptos ou discípulos que lhe parecesse "biologizante". Algumas vezes essa reserva transformou-se até mesmo em hostilidade confessa, em particular em relação a Adler e a Jung: "Não se pode aderir ao exposto (por Adler), pois ele submete cedo demais o material psicológico a pontos de vista biológicos e chega assim a conclusões que ainda não são justificadas pelo material psicológico".[1] Freud queria que a psicanálise fosse uma ciência autônoma no quadro das ciências da natureza e defendia a "exceção psicanalítica".

Ele inventou um neologismo para qualificar seu *corpus* teórico: a "metapsicologia". Esse termo pode servir a

---

1. S. Freud, citado por F. J. Sulloway em *Freud, biologiste de l'esprit*, prefácio de Michel Plon, Paris, Fayard, 1998.

algumas confusões ou erros de interpretação em função de sua proximidade com o termo metafísica. A metapsicologia freudiana não é uma metafísica. Freud não quis construir uma concepção de mundo ou uma concepção do homem. A todos que julgavam sua teoria puramente especulativa, ele sempre opôs os fatos da experiência clínica, os fatos empíricos. Essa posição revela ao menos duas atitudes: em primeiro lugar, uma adesão ao mito do empirismo, mesmo que de maneira discreta, enquanto se submetia a um método hipotético-dedutivo, e, em segundo lugar, uma atitude de reserva em relação à filosofia: a psicanálise deveria defender-se tanto contra a recuperação filosófica quanto contra a apropriação biológica. Mesmo em seu texto mais especulativo, *Além do princípio de prazer*, ele busca dar ciência de sua experiência clínica, mas também traduzir em razão biológica essa experiência.

Na virada do século XIX para o XX, a biologia é uma ciência nova, portadora ao mesmo tempo de promessas e de ilusões perigosas. Quando Darwin pretende aprender mais sobre o homem estudando o babuíno que lendo a metafísica do célebre filósofo Locke, abre portas para derivas que não deixarão de surgir. De acordo: o homem talvez não seja feito "à imagem e semelhança de Deus", ou melhor, essa associação não tem grande interesse para o pesquisador biólogo, mas conserva um certo mérito no plano ético, como o de afirmar a unicidade e a unidade do gênero humano, diante das pretensas "raças" que alguns assimilam às espécies animais: o século XX é aquele dos genocídios cientificamente racionalizados.

Darwin e seu evolucionismo exerceram uma influência intelectual considerável nas teorias psicológicas e biológicas do fim do século XIX. Freud não escapou a essa regra: encontramos, ainda que de maneira indireta, a influência da perspectiva filogenética, por exemplo em seu trabalho sobre a origem das religiões e da sociedade; podemos até dizer que por instantes ela orienta o eixo de suas pesquisas, em particular na afirmação de uma verdade histórica recalcada, o assassinato do pai da horda primitiva, transmitida de geração em geração.[2] Reconhecemos dessa forma a influência de Darwin através da lei biogenética fundamental enunciada por disciplinas evolucionistas: "A ontogênese recapitula a filogênese". Podemos resumir assim essa lei: ela postula uma identidade entre os estádios de desenvolvimento do indivíduo e aqueles do gênero humano. Freud também tentou classificar os diferentes estádios da evolução sexual da criança, desde sua disposição perversa polimorfa até o estádio genital. Ele escreve, em *Introdução à psicanálise*:

> Quando se trata de conceber essas duas curvas de desenvolvimento [pulsional] – a do eu e a da libido –, devemos enfatizar um elemento que seguramente não foi considerado até agora. É que, nos dois casos, trata-se, na base, de heranças, de recapitulações resumidas do desenvolvimento que a espécie humana inteira viveu desde as épocas primitivas e durante longos intervalos de tempo. No caso do desenvolvimento da libido, essa origem filogenética é, ouso pensar, imediatamente evidente.[3]

Também se quis aproximar da esfera darwiniana, de modo mais discutível, a idéia de conflito, os conceitos de fixação e de regressão.

Freud sempre afirmou sua adesão ao lamarckismo. Jean-Baptiste Lamarck elaborou uma teoria da transmissão dos caracteres adquiridos; a partir de seu trabalho, alguns psicólogos, como Pauly, concluíram que a

---

2. Cf. *Totem e tabu*, in *ESB*, vol. XIII..
3. S. Freud, *Introduction à la psychanalyse*, citado por Sulloway, p. 247.

evolução não era obra da seleção natural: o agente principal dessa evolução era a busca da satisfação das necessidades fisiológicas e a adaptação a essas necessidades tornou-se hereditária. Freud permaneceu ligado à teoria de Lamarck. Por exemplo, em 1917, ele escreve a Karl Abraham:

> seria preciso atrair Lamarck para nosso campo e mostrar que a necessidade que, segundo ele, cria e transforma os organismos, nada mais é senão o poder das idéias inconscientes sobre o corpo, do qual vemos vestígios na histeria: em suma, mostrar "a potência dos pensamentos". Isso nos forneceria, de fato, uma explicação psicanalítica da adaptação [biológica] – seria a pedra fundamental da psicanálise. Haveria dois princípios ligados de mudança progressiva: a adaptação do corpo e a transformação subseqüente do mundo exterior (autoplasticidade e heteroplasticidade).[4]

Esses propósitos são uma boa ilustração do método epistemológico freudiano: em primeiro lugar, buscar nas teorias dos campos científicos vizinhos, particularmente no da biologia, os conceitos utilizáveis pela psicanálise; confiar nos teóricos (às vezes com certa falta de discriminação, ou até mesmo certa cegueira), confrontar esses conceitos com a experiência psicanalítica e depois abandoná-los, às vezes, em proveito de outros conceitos mais sedutores ou mais adequados para explicar os problemas levantados pela clínica. Esse método não é assimilável a um diletantismo epistemológico, mas reflete a instabilidade do próprio objeto que está em questão na psicanálise. Ele dá testemunho de uma originalidade freudiana.

---

4. S. Freud, *Abraham Letters*, p. 261-62.

Quaisquer que sejam os empréstimos feitos de Darwin ou de outros contemporâneos, não se pode reduzir as relações entre a psicanálise e a biologia unicamente a um problema de influência. Convém abordar essa relação sob um ângulo diferente: todas as relações de Freud com a biologia são determinadas por sua relação com Fliess. Este se quer biólogo e enuncia teorias que situa no campo da biologia. Suas teorias só encontraram uma fraca adesão em seu tempo e, mesmo que tenham conseguido alguns discípulos, elas são atualmente consideradas como um protótipo de construções pseudocientíficas. Qualquer que seja o descrédito que pese sobre suas teorias, ou o diagnóstico que se acrescenta à sua estrutura mental, isso não deve impedir a consideração da influência desse homem inventivo na gênese e na consolidação da descoberta freudiana. Inúmeros conceitos fliessianos passaram para Freud, tais como aqueles de latência, de sublimação, de formação reacional e até mesmo a idéia do caráter compósito da sexualidade, etc.

   As relações entre Freud e Fliess devem ser apreendidas à luz do conceito de trabalho analítico: elas não são somente epistolares, pois os dois homens se encontram regularmente no decorrer de "congressos", nome pelo qual Freud designa esses encontros. Ele mantém Fliess regularmente informado e recebe manuscritos deste. Freud se apóia em Fliess para engendrar sua descoberta; este último apoiou Freud intelectualmente, eles trabalharam juntos, as certezas científicas de Fliess contribuíram para ajudar Freud e Fliess é "seu único público". Não deixa de ter conseqüências o fato de que Fliess se tenha situado no campo biológico, pois essa área do saber é, no início da descoberta freudiana, o próprio lugar que Freud interroga, no sentido de que a ciência biológica é portadora de um saber último sobre os objetos de sua pesquisa, por exemplo o inconsciente. Ora, nessa época de descoberta, o objeto de pesquisa científica e o objeto do desejo são indissociáveis para Freud; pouco a pouco, durante o desenrolar de sua trajetória, que Fliess acompanha, o objeto do desejo vai se destacar – é a psicologia o novo tirano de Freud. Mas ele guardará sempre uma "transferência sobre a biologia" no sentido de que ela conservará, aos seus olhos, as marcas de um ideal científico a ser atingido, mesmo que encarne o perigo de ver recobrir os progressos da nova ciência, a psicanálise. Freud não é o biólogo do espírito que Sulloway quer ver; sua relação com a biologia é marcada pelo trabalho analítico que efetuou com a ajuda do pseudobiólogo Fliess.

As relações entre esses dois homens foram abundantemente descritas pelos historiógrafos de Freud; a ruptura entre eles deixará seqüelas em Freud, sobretudo depois do caso Weiniger, no qual Fliess acusa o austríaco de roubo de idéias e de transmissão de suas idéias a um analisando aluno, Swoboda.[5] Dentre as seqüelas da ruptura, há a desconfiança de Freud quanto à utilização dos conceitos biológicos; ele percebe rapidamente os riscos de desnaturação de sua doutrina efetuada pela biologia, pois esta se presta a generalizações apressadas, a induções fora da experiência. Freud irá lutar, sobretudo, contra a atração que o reducionismo biológico exerce. Não aprofundaremos aqui a ruptura Freud-Fliess. Só a mencionamos porque ela marca, durante muito tempo, a relação de Freud com a biologia.

No decorrer dos anos de colaboração com Fliess, Freud escreveu um documento chamado *Projeto para*

---

5. Cf. o livro de E. Porge, *Vol d'idées? Wilhelm Fliess, son plagiat et Freud*, seguido de *Pour ma propre cause*, Paris, Denoël, 1994 (Col. "L'espace analytique"). [Ed. bras.: *Roubo de idéias? Wilhelm Fliess, seu plágio e Freud*, trad. Dulce Duque Estrada, Rio de Janeiro, Companhia de Freud, 1998.]

uma psicologia científica.⁶ Ele não foi publicado enquanto Freud vivia e deveria comportar três partes, das quais a última, perdida, nunca veio a público. Foi ela que, de fato, arruinou o projeto de Freud.

Em 1895, Freud dispõe de dois conceitos clínicos distintos no campo das neuroses: de um lado, as neuroses atuais – a hipocondria e a neurose de angústia –, que não são acessíveis à psicanálise, e, de outro, as psiconeuroses de defesa, que são passíveis de investigação psicanalítica. Dentre as psiconeuroses de defesa, há a histeria, objeto particular das pesquisas de Freud. Então, com o apoio entusiasta de Fliess, ele se lançará num projeto de grande envergadura: fazer da psicologia uma ciência natural, uma ciência para neurologistas, com a finalidade de reduzir a barreira entre o normal e o patológico, baseando-se num modelo anatômico e físico. O *Projeto* comporta alguns conceitos que são o esboço de idéias retomadas posteriormente, como o princípio de prazer e o princípio de realidade, mas, no conjunto, ele aparece à parte na obra de Freud, um resíduo que permite uma ruptura com a anatomia, com o fisicalismo.

Qual era essa última parte que lançou o projeto no vazio? Ela tinha relação com as psiconeuroses de defesa e em particular com o espinhoso problema do recalque. A complexidade da questão do recalcamento das representações sexuais tornou impossível sua redução a um modelo neurofisiológico. O recalcamento da sexualidade infantil é uma idéia inassimilável, não é formalizável por um modelo neurofisiológico. O *Projeto* naufragou; certos conceitos foram salvos, porém o que mais interessa são as conseqüências desse fracasso: Freud rompe então com um modelo ingênuo e totalizante, seus conceitos serão divididos entre aqueles que a ciência, em particular a biologia, que

---

6. S. Freud, *ESB*, vol. I.

substitui a física, pode assimilar, e aqueles que ficarão de fora. Paradoxalmente, Freud se torna mais científico ao romper com um modelo científico ingênuo, mas renuncia a uma formalização fundada na identidade do fenômeno psíquico com seu modelo neurofisiológico. O *Projeto* constitui o primeiro grande texto de Freud que podemos qualificar de ficção científica. Há um outro texto que conhecerá um destino bem diferente e que lhe é assemelhado como ficção: *Além do princípio de prazer*.*

Esse texto foi publicado em 1920, mas tinha sido redigido bem antes dessa data. Já falamos sobre seu conteúdo: a dualidade das pulsões, pulsão de vida e pulsão de morte. Veremos agora as conseqüências desse texto e a recepção que ele obteve. A recepção foi ruim e os discípulos de Freud não se interessaram pela mensagem de *Além do princípio de prazer*. Acusou-se o texto de ser um devaneio especulativo. O termo "além" pode suscitar associações com a esfera religiosa, mas ele não é de forma alguma utilizado nesse sentido. Na verdade, Freud queria dizer que o princípio de prazer, o governo do princípio de prazer, é colocado em dificuldades pela experiência clínica e que existe um princípio de funcionamento psíquico diferente que rege a vida mental: a pulsão de morte; "além" significa "a mais". Algumas pessoas pretenderam que Freud estava sob o impacto da morte de sua filha Sophie, ocorrida em 1920, mas Freud havia de fato escrito e enviado o manuscrito a Abraham em 1919; outras diziam que ele estava, devido à guerra, obcecado pela morte, por sua própria morte, e até mesmo que ele tinha uma premonição, um conhecimento inconsciente de seu câncer futuro, etc.

Essas explicações biográficas seguramente são falsas ou não demonstráveis, mas, acima de tudo, apontam

---

* S. Freud, *ESB*, vol. XVIII. (N. T.)

para a importância desse texto, origem de revisões importantes na doutrina de Freud. Dentre elas, duas parecem ser essenciais; em primeiro lugar, Freud vai olhar o homem, e em particular o homem dito civilizado, de uma maneira inteiramente diferente. A pulsão de morte se manifesta sob a forma de agressividade que mina as próprias bases da civilização. A civilização é um dado muito frágil e a agressividade vinda da pulsão de morte conduz o homem a lutar contra o pacto social: este é um dos temas de seu livro *O mal-estar na civilização*.* Freud não compartilha a visão de Einstein ou de Rousseau. Para o pai da psicanálise, o homem tem nostalgia do tempo "em que era um animal": a violência, a guerra, a opressão e a destruição da civilização são a norma; a cultura, a lei e a civilização são a exceção, em virtude do impacto da pulsão de morte que leva à agressividade destruidora.

Uma outra revisão opera-se depois de *Além do princípio de prazer*, mas dessa vez no campo da prática. A pulsão de morte vem tornar problemáticos os sucessos terapêuticos da psicanálise. Algumas curas, depois de uma fase de melhora, evoluem perigosamente. Freud vê nisso a ação da pulsão de morte manifestando-se de modo diverso: há um reaparecimento de sintomas, os sintomas não são abandonados por motivo de tendência masoquista, efeito dessa pulsão destruidora, ou existe uma reação terapêutica negativa que não deixa de ter laços com sentimentos de culpabilidade inconsciente articulada à pulsão de morte.

A pulsão de morte é uma pulsão. Durante muito tempo acreditou-se que a pulsão freudiana era um conceito

---

* S. Freud, *ESB*, vol. XXI. Uma outra possibilidade de leitura desse título é *O mal-estar na cultura*. Ver J. Le Rider, M. Plon, G. Raulet e H. Rey-Flaud, *Em torno de* O mal-estar na cultura, *de Freud*, trad. bras. Carmen L. M. V. Oliveira e Caterina Koltai, São Paulo, Escuta, 2002. (N. T.)

criptobiológico; reprovar-se-á às idéias contidas em *Além do princípio de prazer* o fato de não terem nenhuma base biológica. Na verdade, a pulsão não é biológica, mas liga uma certa parte do corpo, ou certas imagens do corpo, como as zonas erógenas, a representantes ou representações representantes dessa pulsão, que são os materiais lingüísticos. A pulsão freudiana encontra-se a meio caminho entre o corpo erógeno e a gramática, é uma noção híbrida, um monstro particularmente complexo da galeria freudiana.

As relações da doutrina freudiana com a biologia são por demais complexas para serem resumidas numa conclusão definitiva. Entretanto, é falso fazer de Freud um biólogo, mesmo que seja do espírito, como sugere Sulloway. Apesar disso, façamos uma grande homenagem a esse autor, por ter demonstrado que as relações de Freud com a biologia tinham sido complicadas devido ao cuidado em criar o mito da "ciência autônoma", mito presente sobretudo entre seus discípulos, que quiseram fazer de Freud um puro psicólogo – em parte com sua anuência –, com o fim não confesso de encobrir a origem, para fundar uma ciência nova, purificada de qualquer dívida em relação à biologia.

Se Freud tinha uma expectativa em relação à biologia, o mesmo não se dava em relação à religião. Esta era, ao seu ver, uma ilusão, o que ele proclama claramente num livro datado de 1927, chamado *O futuro de uma ilusão*.[7] A religião dá testemunho de uma etapa no desenvolvimento da humanidade e mantém, ou até mesmo produz, uma solução análoga à neurose sobre as interrogações essenciais: a questão da origem e a questão do pai.

---

7. S. Freud, *L'Avenir d'une illusion*, Paris, PUF, 1971. [Ed. bras.: *O futuro de uma ilusão*, ESB, vol. XXI.]

Freud chegou a pensar que a psicanálise poderia suplantar a religião enunciando asserções sobre as questões da origem e do pai que fossem simultaneamente aceitáveis pelas exigências da ciência e pela subjetividade.

> A educação, liberada do jugo das doutrinas religiosas, talvez não mude grande coisa da essência psicológica do homem; nosso Deus, o *logos*, talvez não seja muito poderoso e não possa manter senão uma pequena parte daquilo que seus predecessores prometeram. Se tivermos que reconhecê-lo um dia, nós o faremos com resignação. Nem por isso perderemos todo o interesse pelas coisas do universo e da vida, pois possuímos um ponto de apoio sólido e que lhes falta. Acreditamos que está ao alcance do trabalho científico nos ensinar alguma coisa sobre a realidade do universo e que, através disso, aumentamos nosso poder e podemos organizar melhor nossa vida. Se essa crença é uma ilusão, então estaremos no mesmo caso de vocês, mas a ciência já nos forneceu, por meio de inúmeros e importantes sucessos, a prova de que ela não é uma ilusão.[8]

Podemos interpretar essa afirmação como uma profissão de fé positivista, ou até mesmo cientificista. É verdade que Freud tem *a prioris* a respeito da religião herdados de sua época, mas ao mesmo tempo suspeita de que sua posição, no que diz respeito à ciência, à crença, seja uma ilusão; a ilusão organiza a relação do homem com o universo e é mantida pela crença religiosa. Para Freud, a ilusão é estrutural na religião, enquanto a ciência pode até fornecer a matéria para a ilusão de modo conjuntural, mas não é uma ilusão.

---

8. S. Freud, *L'Avenir d'une illusion*, op. cit., p. 78.

A religião faz parte do arcaico da humanidade, é um resíduo desse arcaico, como os sintomas neuróticos são descendentes da primeira infância sexual. A religião alivia o homem do peso de seus complexos paternos e maternos propondo-lhe figuras parentais transfiguradas. Deus o pai, a mãe providência. Esse alívio se dá ao preço de uma submissão a exigências morais e limitações de sua compreensão que são inaceitáveis. Freud analisa os fundamentos da religião e critica severamente sua função social, alienante e até mesmo neurotizante. A instituição religiosa por excelência, a Igreja, serve-lhe de modelo para analisar o funcionamento neurótico das massas – o outro modelo é o exército.[9] A religião permite sublimar certas pulsões, mas de maneira uniforme, a mesma para todos, e infeliz daquele que não se reconhece em seu seio. Os ritos religiosos apresentam analogias chocantes com a neurose obsessiva, o que confirma a origem sexual desses ritos. O próprio Freud se definia como não crente e jamais provou do "sentimento oceânico"[10] que se encontra na base da crença religiosa, mas não rejeitava nas outras pessoas a existência desse sentimento, como deu mostras em seu diálogo com o pastor Pfister.

Paralelamente à idéia de fazer da psicanálise uma ciência explicativa de todos os fenômenos psíquicos individuais ou coletivos como a religião, há em Freud uma base agnóstica. Para ele, a psicanálise não é uma ciência humana, pelo menos até a dolorosa revisão do fim dos anos 1920. Ela deve encontrar seu lugar entre as ciências da natureza e admitir os limites do conhecível. O agnosticismo, teoria que promove a existência

---

9. "Psicologia de grupo e análise do ego", in *ESB*, vol. XVIII.
10. S. Freud, *L'Avenir d'une illusion*, op. cit.

de um incognoscível, "a coisa em si", aplica-se à psicologia freudiana, por exemplo nos conceitos como o recalcamento originário ou o umbigo do sonho. Essa coisa incognoscível, mesmo pelo inconsciente, não é especificamente reservada a Deus e se refere mais à filosofia kantiana. O agnosticismo era uma corrente de pensamento muito importante no fim do século XIX entre os cientistas germânicos. As grandes figuras dessa corrente que influenciou Freud foram Du Bois-Reymond e Ernst Mach.

Freud é não crente, é ateu mesmo, mas é judeu. Ele nunca renegou sua judeidade, mesmo que nunca tenha explicado claramente o conteúdo que lhe dava. Seus atributos são negativos: ele não se sente judeu nem pela religião, nem pela "raça", nem pelo nacionalismo, mas se "sente" judeu. Freud conhece bem a Bíblia, aprendeu hebraico, tinha um professor de hebraico, mas confessa sua pouca competência (numa carta datada de 1930) a A. Roback a respeito da influência judaica no pensamento contemporâneo:

> Sem dúvida gostareis de saber que meu pai veio de um meio hassídico. Ele tinha 41 anos quando nasci, e suas relações com seu meio de origem estavam arrefecidas há cerca de vinte anos. Minha educação foi tão pouco judaica que nem sequer consigo ler vossa dedicatória, aparentemente escrita em caracteres hebraicos. Mais tarde lamentei seguidamente essa lacuna de cultura. Com a simpatia pela vossa luta viril em prol de nosso povo, Freud.[11]

---

11. Carta a Roback citada por M. Robert em *La Révolution psychanalytique: la vie et l'œuvre de Freud*, op. cit. [Ed. bras.: *A revolução psicanalítica*, trad. Attílio Cancian, J. Guinsburg e Ricardo W. Neves, São Paulo, Perspectiva, 1991 (Col. Estudos).]

Ele nunca praticou a religião judaica, que é feita de obrigações; notemos sobretudo que a religião que ele define como modelo se aparenta muito mais às religiões cristãs ou ao judaísmo tradicional liberal que ao judaísmo tradicional, que ele parece ignorar. Parece que Freud nunca teve acesso ao próprio coração do judaísmo, a seu texto central, que é o Talmude. Este não é acessível fora dos círculos religiosos e é preciso procurar com os mestres rabinos as chaves que abrem seu acesso, mas Freud não fará isso. A prova de sua ignorância sobre o Talmude é dada em sua *Traumdeutung*, na qual dedica um capítulo inteiro à literatura do sonho sem fazer a menor referência aos importantes desenvolvimentos que o Talmude dedica ao sonho, apesar de Freud fazer o recenseamento de todas as oniromancias antigas e medievais profundas. Essa lacuna só pode ser explicada pela ignorância, pois no Talmude encontram-se afirmações sobre o sonho que são, em inúmeros pontos, muito próximas daquelas de Freud: sobre a interpretação literal do sonho oposta a uma interpretação simbólica, sobre o sonho como realização do desejo, ou sobre a importância da interpretação. O Talmude afirma, por exemplo, que um sonho não interpretado é como uma carta que não é lida. Mais ainda: a leitura judaica da Bíblia, a leitura das escrituras do *midrasch*, apresenta analogias chocantes com o método de interpretação freudiana. Essa analogia não é fortuita, mas de estrutura. No interior do Talmude encontram-se esboços de uma teoria do inconsciente, mas somente rudimentos, pois o propósito dos sábios do Talmude não é o de explicitar o inconsciente. O saber saído do assunto contido no sonho remete à profecia que está relacionada com Deus (exceto, talvez, para Maimônides). Freud levará a sério esse saber, mas destituindo a idéia de que pode pertencer a Deus; ele pertence ao sujeito – é o reviramento de um não crente, de um judeu ateu.¹²

É impossível determinar como e se o saber talmúdico foi transmitido a Freud. A hipótese de um espaço psíquico comum inconsciente é possível. Freud possuía uma grande cultura judaica e conhecia a história judaica. E. Jones conta tê-lo ouvido falar, nos anos 1930, sobre a destruição do templo de Jerusalém e sobre o episódio da academia de Yabné, a escola talmúdica fundada com a autorização dos romanos que permitiu salvar a transmissão do judaísmo depois da destruição do templo. Freud pensa na salvaguarda da psicanálise depois da catástrofe nazista. Seu tormento sobre a judeidade encontrará um ponto de fixação durante a década de 1930, anos de perseguições crescentes ao povo judeu e de aumento do anti-semitismo. É durante esses anos que ele concebe e escreve – sem publicar – um texto célebre, chamado *Moisés e o monoteísmo*.¹³

Freud pensa que as religiões contêm uma verdade histórica. O aspecto ilusório da religião não está mais no centro de suas pesquisas, mas sim essa verdade histórica. O *Moisés* de Freud já fez correr muita tinta, e é até objeto de anátema devido às teses que contém: Moisés instituiu o povo judeu; entretanto, ele era um egípcio que jamais pertenceu ao povo judaico. Por outro lado, os judeus não reconhecem o fato de que condenaram Moisés à morte e continuam a expiar esse assassinato não confesso. A validade dessas teses é bastante incerta e as fontes de Freud, em particular Sellin, devem ser vistas com reserva, mas o essencial do livro não reside em sua pertinência. Freud busca entender o destino trágico do povo judeu e tenta

---

12. Cf. o livro de G. Haddad, *L'enfant illégitime, Sources talmudiques de la psychanalyse*, Paris, Desclée de Brouwer, 1996 (Col. Midrash).
13. S. Freud, *Moisés e o monoteísmo*, in *ESB*, vol. XXIII.

formular hipóteses graças a uma operação de retirada, de deslocamento de Moisés. Este não é mais o supremo profeta do povo judeu, mas um egípcio que os judeus acabaram por matar, pois ele queria lhes impor um monoteísmo rígido. Essa operação de deslocamento permite a Freud esclarecer os impasses do coletivo judaico ou, segundo suas analogias, história individual/história coletiva, a neurose do coletivo judaico. É um caminho cheio de riscos. Outros antes dele, como Marx, ou depois dele, como Sartre, tentaram fazer isso, mas Freud era movido a partir do interior, por seu sentimento de ser judeu e de pertencer a esse povo. O *Moisés* é também testemunha da importância que Freud sempre atribuiu à religião. Se, por um lado, desejava manter a psicanálise fora da influência dos padres, como afirma em 1926, em *Questão da análise profana*,[14] por outro pensava que o diálogo com a religião era útil para a psicanálise.

Finalmente, proporemos a idéia de que o *Moisés* também pode ser visto como uma ilustração do efeito da pulsão de morte: no crepúsculo de sua vida, Freud torna a interrogar sua origem. O livro, inicialmente concebido como um romance, foi enfim acabado, depois de inúmeras vicissitudes, publicado em alemão em 1938, e depois em sua versão integral em inglês, em 1939, alguns meses antes da morte de Freud.

---

14. S. Freud, *La Question de l'analyse profane*, Paris, Gallimard, 1985.

5
Conclusão

A partir de Freud, o homem sabe que é irremediavelmente dividido em duas histórias – aquela que ele vive, que constrói a cada dia, e a outra, a de sua história sexual infantil. Freud não inovou por seus conceitos de libido, de zonas erógenas, de sexualidade infantil, pois estes já existiam em vários autores, sexólogos, psicólogos ou psiquiatras, tais como Moll, Bloch ou Kraft-Ebing e muitos outros ainda; sua contribuição reside num esforço de sistematização prodigioso, tendo em vista esclarecer o papel da sexualidade no conjunto das produções humanas, sem exceção. Antes de Freud se havia descrito e analisado a natureza sexual do homem, seus múltiplos componentes, suas fontes corporais, seus desvios, e tinha-se mesmo imputado à sexualidade infantil alguns efeitos patológicos que ocorriam na vida adulta. Com Freud, a história sexual do indivíduo é feita de acontecimentos, não resulta unicamente de uma natureza, mas acima de tudo o sexual que conta é um sexual linguageiro, um sexual apreendido e ativo no quadro da linguagem. Não é um sexual biológico ou natural; sua história é então acessível a uma retomada – a um redesdobramento – pela investigação analítica e seu suporte, a fala do paciente. Freud jamais se posicionou contra o determinismo hereditário de alguns componentes da sexualidade e da etiologia das neuroses, mas nada tinha a esperar "dessas causas", como apontam suas afirmações:

> se a psicanálise falou tanto dos fatores "acidentais" da etiologia e tão pouco dos constitucionais, é porque ela tinha algo de novo a dizer a respeito dos primeiros, ao passo que nada tinha para adicionar ao que já se sabia sobre os segundos. Recusamo-nos a estabelecer uma oposição essencial entre as duas séries de fatores etiológicos e admitimos a existência de uma ação das duas na produção dos resultados observados. São os "daimon kai tukè" que determinam o destino de todo ser humano, e raramente, ou mesmo jamais, somente uma das duas forças.[1]

Essa dualidade do destino sexual do homem é encontrada na teoria freudiana, por exemplo no conceito de repetição. Esta é devida, ao mesmo tempo, aos efeitos do princípio de prazer que submete o psiquismo a um automatismo de repetição e às conseqüências de um encontro casual, encontro real, eventual, acidental, que é vivido como traumático pelo sujeito. Lacan desenvolverá essas duas faces da repetição usando os conceitos aristotélicos de "tukè" e "automaton".[2]

O sexual, segundo Freud, comporta vários componentes acidentais, hereditários e filogenéticos. Nem todo mundo teve pai ou mãe, nem todo mundo viu uma ameaça de castração ser enunciada explicitamente. Pouco importa, responde Freud, há uma transmissão filogenética das figuras maternas, paternas, das ameaças de castração, e as histórias individuais, quaisquer que

---

1. S. Freud, "A dinâmica da transferência", in *ESB*, vol. XII.
2. Cf. A. Vanier, *Éléments d'introduction à la psychanalyse*, Paris, Nathan Université, 1999, p. 75.

sejam suas vicissitudes, sempre vêm oferecer uma ou duas pessoas substitutivas para encarnar essas figuras transmitidas por filogênese. O que conta é a narrativa, feita pelo indivíduo, dos encontros com essas pessoas substitutivas.

O sexual freudiano propriamente dito é aquele acidental, que afirmamos ser linguageiro, e que é também traumático. O encontro do homem com o sexual é sempre traumático, é o fundamento da castração e da disposição para a neurose. Não se trata só de uma questão de uma etiologia traumática da neurose, mas de um fato de estrutura: o homem é um ser falante traumatizado pelo seu encontro com o sexual. As razões desse caráter traumático são evocadas por Freud: precocidade sexual, imaturidade biológica, educação, etc., mas nenhuma é verdadeiramente convincente.

O fato traumático do encontro com o sexual vai organizar dois componentes essenciais do psiquismo humano, o fantasma e o desejo. O desejo não mais se definirá somente como vontade de restabelecer as primeiras experiências de satisfação das necessidades naturais com o prazer que daí resulta devido à ação das zonas erógenas: o objeto visado pela necessidade é específico, e o objeto visado pelo desejo não o é. O desejo também não é redutível à demanda que nasce das implicações relacionais complexas, por ocasião das experiências de satisfação da necessidade. Essas relações são determinantes na estruturação da demanda que se dirige ao outro, não como objeto específico, como na necessidade, mas como objeto de amor. Ora, o desejo não encontra satisfação nem no objeto da necessidade nem no objeto de amor, devido aos seus laços com uma formação sexual linguageira particular, o fantasma. O fantasma é a conseqüência do traumatismo sexual e o sujeito vai interpor o fantasma entre o sexual e ele próprio. O fantasma, assim como o desejo, vão, em sua formulação acabada, organizar-se segundo a estrutura de narrativas: é o cenário do fantasma e é a narrativa edípica. O mito de Édipo é particularmente adequado ao enunciado na narrativa do desejo humano, pois o interdito do incesto e do parricídio repete o traumatismo sexual originário, e a forma trágica corresponde bem ao destino sexual do homem.

De fato, há para Freud uma tragédia do sexual. Uma vez colocado o fato original do mal-estar humano, o encontro sempre falhado, traumático, com o sexual, Freud amplia o campo da libido. A libido, sexual por natureza, não é esgotada pela atividade genital: há pulsões sexuais pré-genitais, que são parciais, mas, acima de tudo, a libido engloba o conjunto do campo afetivo humano – a amizade, o amor, a arte, a cultura, a religião. Por trás de todas essas atividades, essas condutas, essas formações sociais, há a energia sexual, a libido requalificada de Eros.[3] Freud será acusado de pansexualismo, de conduzir tudo arbitrariamente, com finalidade de aviltamento do sexual. Ele responde assim a seus detratores:

> Adversários incompreensivos nos reprovam ser exclusivos demais, estimando ser muito alta a importância dos instintos sexuais: o homem possui outros interesses além dos sexuais! É isso que nem por um só instante esquecemos ou negamos. Nosso ponto de vista exclusivo é semelhante àquele do químico que leva todas as constituições da matéria à força da atração química. Com isso ele não contesta o peso, mas deixa ao físico o cuidado de estimá-lo.[4]

---

3. Cf. J.-J Wunenberger, *Sigmund Freud, Une Vie, une œuvre, une époque*, Paris, Éditions Balland, 1985, p. 186.
4. "Une difficulté de la psychanalyse", in S. Freud, *Essais de psychanalyse appliquée*, Paris, Gallimard, 1933, p. 139 (Col. Les Essais).

Uma vez estabelecida a constatação sobre a origem do mal-estar humano, estruturalmente sexual e linguageiro, Freud desenvolve uma ética na base da terapêutica analítica, do diálogo analítico. Essa ética consiste em tentar apaziguar os efeitos que o sexual infantil provoca em alguns indivíduos. Os efeitos patológicos do sexual se manifestam essencialmente sob o aspecto de sintomas neuróticos, mas também de inibições, de impedimentos de qualquer natureza dos quais se queixa o paciente. Não seria questão de liberar selvagemente a atividade sexual, colidindo com toda moral civilizada, ponto de fantasma dionisíaco, ponto de ideal hedonista na psicanálise.

> O conselho de viver até os limites sua vida sexual nada tem a ver com a terapêutica psicanalítica, mesmo porque existe no paciente [...] um conflito tenaz entre a tendência libidinosa e o recalcamento sexual, entre seu lado sensual e seu lado ascético.[5]

O mal-estar sexual ultrapassa qualquer frustração sexual, qualquer insatisfação devida à atividade sexual. O sexual freudiano não é, de forma alguma, redutível à sexualidade tal como habitualmente compreendida – a psicanálise não é uma sexoterapia. A ética freudiana não visa "liberar" o desejo sexual, o desejo não pode se liberar de seu pertencimento sexual; ela visa fazer de modo que esse desejo, que não pode dar conta dos outros devido ao seu laço com o fantasma, seja reconhecido por eles. Esse reconhecimento opera em dois tempos: é em primeiro lugar o sujeito que confessa seu desejo, depois esse primeiro reconhecimento abre uma via para um segundo, efetuado pelos outros, quando esse desejo singular se traduz num discurso, numa linguagem

---

5. S. Freud, *Introduction à la psychanalyse*, Paris, Payot, 1926, p. 409-10.

social; o desejo se libera então do fantasma, atravessa-o, segundo a expressão de Lacan, torna-se socializado, útil ao coletivo, ao mesmo tempo que pacifica o mal-estar sexual do sujeito.

A partir de 1920, Freud revisa sua doutrina do sexual. Já em 1914, ele havia alterado o alcance do conceito de libido: antes de sua abordagem do narcisismo, a doutrina distinguia a libido de uma energia não sexual articulada às pulsões do eu, pulsões de autoconservação. Depois de ter constatado e deduzido da clínica da psicose que o eu pode se tornar um objeto sexual, que pode ser objeto de investimento libidinal, ele reorganiza o conceito de libido em libido do eu e libido de objeto. Até 1920, considera as tendências destrutivas, agressivas, como uma parte do investimento libidinal; elas se integrariam nos componentes sádicos anais do instinto sexual. A partir de 1920, a pulsão sexual fragmenta-se e há duas pulsões: a *pulsão sexual* propriamente dita e a *pulsão de morte*, que também é de natureza sexual, mas cuja finalidade é oposta: a pulsão de morte se define como tendo por única função levar tudo o que é vida orgânica ao estado inanimado. As tendências destrutivas são autônomas e agem independentemente de qualquer ambivalência da pulsão sexual. Essa pulsão de destruição remaneja as idéias de sadismo e de masoquismo e essa mutação doutrinária tem conseqüências éticas: se o diálogo analítico parecia apto, em alguns casos, a apaziguar o mal-estar sexual, ele parece encontrar na pulsão de morte um obstáculo intransponível. Na aparência, o diálogo analítico se encontra assim limitado; na verdade, o problema é complexo: a pulsão de morte não é acessível a um remanejamento de conjunto – essa tendência existirá sempre em estado bruto; a cura pode permitir algumas vezes que se redesdobrem os acontecimentos libidinais que estão ligados à pulsão de morte e que constituem o masoquismo moral. Quando a pulsão de morte é dirigida não mais para os sintomas, mas para o próprio sujeito, Freud fala de masoquismo primário; nesse caso, o impacto do diálogo analítico se torna muito problemático.

Com a noção de instinto de morte, Freud integra a finitude somática do homem numa dualidade estrutural de seu ser vivo; há então uma refundição do mal-estar sexual que se integra numa perspectiva de antecipação da morte. Lacan retomará o tema da antecipação na descrição da experiência do espelho que está na base da constituição do eu.

"O eu não é senhor em sua própria casa" – assim é habitualmente formulado o impacto da revolução freudiana. Faz-se homenagem a Freud, que pôs fim ao otimismo sem rédeas nascido do século das Luzes e que dessa forma mudou o centro de gravidade do pensamento.

Há algumas décadas certos psicólogos tentam anular a contribuição freudiana, pretendendo que Freud ficou prisioneiro, em sua concepção do inconsciente sexual, de uma concepção do espírito humano como espírito que pensa. De acordo: a partir de Freud, o espírito não pensa mais no lugar em que acredita pensar, mas *continua* a pensar. Essa objeção não é só filosófica, ela tem conseqüências terapêuticas. De fato, segundo esses teóricos que estão na base da psicologia cognitiva, o pensamento se reduz ao cálculo. Tratar-se-á um sintoma como um erro de cálculo: ou o indivíduo dispõe de más informações, ou trata de maneira errônea as informações exatas que tem à sua disposição. Vai-se então ajudá-lo a corrigir seus erros, dividindo seu pensamento em pequenas unidades, para distinguir os diversos erros de cálculo que deslizaram para dentro de seu raciocínio cognitivo. Pouco importa o inconsciente, trata-se do campo do pensamento, o objetivo é raciocinar de modo justo e normal, de não cometer erros de cálculo. Estes não são considerados como atos falhos, lapsos em conexão com o sexual inconsciente, mas são erros de aprendizagem, lacunas no conhecimento. Freud havia desalojado o eu consciente de sua pretensão hegemônica, e ei-lo que retorna sob a forma de um eu que calcula. Quando ele falava dos "pensamentos latentes" do sonho, designava o resultado por meio do deciframento do sonho. Este não é mais uma narrativa incompreensível, um rébus: uma vez decifrado, os pensamentos do sonho aparecem; o conteúdo latente, que foi traduzido numa língua incompreensível pelo trabalho do sonho, ressurge graças ao trabalho de análise.

À luz do que acaba de ser exposto, uma questão se coloca: "isso pensa" no inconsciente ou "isso trabalha" somente? Pode-se definir o inconsciente como um "isso pensa"? A questão é importante, pois, se o inconsciente é um "isso pensa", podemos compreender o célebre "wo es war" freudiano, "aí onde isso era" como um "aí onde isso pensava". Lacan trouxe uma resposta a essa questão: ele define o inconsciente como um "saber que não pensa, nem calcula, nem julga, o que não o impede de trabalhar".[6] O inconsciente freudiano não é um simples reviramento, é um deslocamento que impõe um pensamento sem qualidades.

> Uma vez mais, a definição do inconsciente como um "isso pensa" não se encontra propriamente revirada, mas está somente deslocada, com violência. Para que o inconsciente seja um "isso pensa", é preciso, nós o sabemos, que exista o pensamento sem qualidades; a psicanálise conseguiu plenamente estabelecer sua existência,

---

6. J. Lacan, *Télévision*, Paris, Seuil, 1973, p. 26. [Ed. bras.: "Televisão", in *Outros escritos*, trad. Antonio Quinet, Rio de Janeiro, Jorge Zahar, 1993.]

exceto pelo fato de que, no próprio instante do triunfo, revela-se que não se deve mais falar de pensamento.[7]

Se a modernidade nasceu com o *cogito* cartesiano, "penso, logo sou", o inconsciente freudiano não é somente um produto dessa modernidade, mas coloca em questão o *cogito* cartesiano; o sujeito que pensa não é o sujeito do inconsciente freudiano: é de sua abolição, de sua imersão, que nasce o sujeito do inconsciente, sujeito pouco clássico, sujeito do "isso trabalha".

Inversamente, os fundamentos da psicologia cognitiva implicam um sujeito clássico; já não é um sujeito clássico que pensa, mas um sujeito que calcula, o que não o torna menos assimilável ao eu consciente senhor em sua casa; basta ensiná-lo a calcular corretamente, o que não parece estar fora do alcance.

As questões de pensamento no inconsciente e de sujeito do inconsciente orientam, dependendo das respostas que se lhes dão, concepções diferentes da distinção do normal e do patológico. Essa distinção é outra imensa contribuição freudiana, depois do descentramento do homem, e lhe está estreitamente ligada; de fato, o normal faz referência a uma norma social ou biológica, isto é, estatística, ou a uma norma jurídica, isto é, segundo Kelsen, a uma operação de imputação. Essas referências têm em comum postular a existência de um mestre em sua casa, ou que deve se tornar um, se o ensinarmos a conhecer seu inconsciente, a educá-lo, a ensiná-lo, a sancioná-lo. Todos os métodos são bons e podem até mesmo ser empregados simultânea ou separadamente; não é possível conceber a vida em sociedade de outra maneira.

---

7. J.-C. Milner, *A obra clara. Lacan, a ciência, a filosofia*, trad. Procópio Abreu, Rio de Janeiro, Jorge Zahar, 1996.

Freud procedeu por etapas em sua renovação da distinção do normal e do patológico. Em primeiro lugar, ele rompeu com a proibição de se identificar com o doente; em seguida, escolheu-se como lugar de investigação – de fato, é impossível compreender o patológico se não se submete o normal à análise: é o período de auto-análise, da análise detalhada de seus sonhos, o que é uma das condições da descoberta freudiana. Essa experiência não é comparável à de um biólogo que faria experimentações em seu próprio corpo, inoculando-se micróbios para compreender o modo de funcionamento desses microorganismos. O interdito que Freud rompeu não é moral; assimilando-se aos doentes mentais, ele rompeu com toda uma tradição do discurso médico, tradição do médico alienista que olhava os doentes mentais como objeto de pesquisa, ou seja, ele mudou de perspectiva epistemológica.

Em 1905, desenha-se uma nova apreensão do normal e do patológico a respeito das perversões. As perversões sexuais não são anormais devido a um julgamento moral ou do fato (o que freqüentemente dá no mesmo) de sua natureza, isto é, de sua finalidade, como se considerava classicamente, mas são anormais devido ao caráter desemaranhado, não unificável, fossilizado, regressivo das pulsões sexuais que estão em sua origem; aqui também a perspectiva epistemológica é diferente.

Em 1914, a teoria do narcisismo tende a integrar as psicoses, isto é, a loucura, no campo das patologias acessíveis à compreensão, mas é sobretudo a partir de 1920 que a renovação da distinção normal/patológico progride uma vez mais. A pulsão de morte vem atacar o eu, já exposto ao retorno do recalcado. Fazendo a pulsão de morte funcionar como parâmetro para elucidar o mal-estar na civilização, Freud levará ao extremo a contradição entre cultura e pulsão. A pulsão sexual não é educável, mas podemos desviar sua finalidade num sentido socialmente útil. Com a introdução da pulsão de morte, o problema se torna mais complexo. A moral, a norma social, exige uma renovação da satisfação das pulsões sexuais; a pulsão de morte, que investe o sentimento de culpa, que produz a exacerbação do masoquismo moral, vai aumentar excessivamente as exigências da moral, agravando o mal-estar. Quanto mais o indivíduo se submete à norma e renuncia às exigências pulsionais, mais ele aumenta seu mal-estar.

Freud postula, em *Totem e tabu*, que o ato fundador da sociedade é o assassinato do pai. A partir dessa hipótese ele desenvolverá uma concepção do direito, isto é, da instituição que edita as normas, a lei, como uma reconciliação com esse pai morto; ela deve ser protegida e honrada como um animal totem. Essa função totêmica da lei será desenvolvida em seu *Moisés*; os judeus são o povo da lei, em referência ao assassinato do legislador Moisés, o egípcio. Se a lei é tão protegida, é porque ela é o próprio engajamento para que não se repita o ato assassino originário em relação ao pai. A norma porta em si os traços da violência assassina que está em sua base. O Estado, segundo Freud, também está provido da função totêmica e tem a tendência de tornar a ser um pai primitivo, aquele que foi condenado à morte, de onde uma certa desconfiança em relação ao Estado. Este busca incessantemente abusar, ultrapassar seus direitos. Essa desconfiança não é um simples liberalismo, pois, para Freud, por trás do Estado-totem deve-se temer sempre o pai obsceno da horda primitiva. O normal e o anormal não mais se diferenciam e têm a mesma fonte.

A psicanálise freudiana foi tida como anti-social, pois Freud solapa as próprias bases da civilização, atraindo a esse ponto a atenção sobre a força das pulsões sexuais; ele denuncia o interdito de dizer a força do sexual, a denegação que o social opõe a esse sexual, mesmo quando a sociedade é permissiva em matéria de costumes. De fato, a recusa de escutar a força do sexual não necessariamente se acompanha da repressão sexual; o objeto da psicanálise é muito mais o dejeto da sociedade, o opróbrio.

> A civilização humana repousa sobre dois apoios: um é a dominação das forças naturais e o outro é a limitação de nossas pulsões. Escravos acorrentados carregam o trono da soberana. Dentre esses componentes pulsionais tornados tão dóceis assim, as pulsões sexuais se distinguem por sua força e selvageria. Ocorreria uma infelicidade se eles chegassem a ser liberados; o trono seria derrubado, e a senhora, pisoteada. A sociedade sabe disso e não quer que se fale a respeito.[8]

Freud é um verdadeiro profeta da modernidade e anunciou ao mundo uma má notícia: o homem jamais se reconciliará com a civilização, pois toda reconciliação passa necessariamente por uma norma conhecível ou um ideal para sempre suspeito de carregar, para o sujeito, a marca de sua renúncia de dizer a força do sexual em ação no seu desejo; se Eros é, em parte, civilizador, é também o inverso. Então, Freud pede ao homem para que olhe de frente essa impossibilidade de reconciliação. O único laço social possível permanece entre aqueles que partilham dessa má notícia; cabe a eles fundar um novo pacto social: mais que renunciar incessantemente ao desejo para seguir um ideal, compete-lhes renunciar a esse ideal, para que cada um diga, segundo a singularidade de seu desejo, o que é o segredo do pacto social. Sociedade freudiana muito instável, muito caótica, certamente destinada ao fracasso, mas concebida muito mais seguramente, segundo a lógica do

---

8. S. Freud, citado por P. L. Assoun in *Freud et les sciences sociales*, Paris, Armand Colin, 1993, p. 95.

inconsciente freudiano, que essas massas clássicas que se vêem em ação nas grandes instituições sociais como o exército, a Igreja, os partidos políticos, os sindicatos, etc., nos quais reinam a identificação, o amor do chefe e a hipnose. A sociedade freudiana jamais existiu, é uma ficção que não foi enunciada por Freud, mas que se pode imaginar a partir de suas conceituações do social.

A mensagem freudiana não incide somente sobre a força do sexual, com as implicações que vimos sobre o descentramento do homem, a renovação da distinção do normal e do patológico: atinge também a diferença dos sexos. Quem fala sobre a diferença dos sexos fala sobre um lugar à parte para o feminino. No mito do pai da horda primitiva, assassinado pelos filhos aliados, as mulheres não participam. Elas são somente a causa desse ato criminoso fundador do social, pois o pai primitivo conservava ciumentamente o gozo de todas essas mulheres e proibia aos filhos o desfrute de qualquer uma delas. No início as mulheres estão fora do golpe, mas uma mentira sobre o mito da origem vai incriminá-las, pois se tornam instigadoras do assassinato.

> Na poetização insincera das origens, a mulher, que tinha representado o preço do combate e a sedução do assassinato, torna-se verossimilhantemente tentadora e instigadora.[9]

Essa mentira encontra-se na Bíblia, na qual Eva é a sedutora que instiga ao pecado original; é ela que transgride, depois de o haver deformado, o mandamento, a interdição divina, de consumir os frutos da árvore do conhecimento do Bem e do Mal. A mulher se tornará portadora

---
9. S. Freud, *Essais de psychanalyse*, Paris, Petite Bibliothèque Payot, 1968.

dessa maldição, a de ter sido sedutora e instigadora; ela se torna o próprio lugar do Eros e seu destino social é marcado por esse estigma.

Nas grandes instituições sociais, aquelas que Freud chama de massas artificiais, como a Igreja e o exército, há a exclusão de Eros e, portanto, das mulheres; aí reina mais que uma homossexualidade masculina: uma verdadeira dessexualização. A entrada das mulheres nessas instituições tornou-se naturalmente possível, ao menos no exército e em algumas igrejas, mas sua entrada se faz enquanto seres dessexualizados; a diferença de sexos continua banida dessas instituições. O feminino, que testemunha a diferença dos sexos, tem um poder destruidor sobre essas instituições fundadas sobre a dessexualização; o mito da mulher portadora de Eros se volta contra o pacto social, levando a uma nova reação da sociedade: a fetichização da mulher. Freud evoca a mulher-fetiche a propósito da civilização chinesa, mas ela também está presente na civilização ocidental, na qual o corpo da mulher é objeto de um tratamento social que se aparenta ao fetichismo. Não se pode tornar compreensível a clínica da histeria e das perturbações alimentares, tais como a anorexia, sem passar pelo tratamento social do feminino e pelo questionamento do estatuto da mulher como fetiche. Em *Novas conferências sobre a psicanálise*, em 1932, Freud atribui ao feminino um novo lugar: a mulher Eros, portadora de Eros. Ela não é mais somente o objeto de uma feroz repressão sexual e social, ou promovida ao estatuto pouco invejável de fetiche, mas se torna antídoto, contrapeso aos efeitos destruidores da pulsão de morte. O feminino, que incomoda a sublimação das pulsões sexuais nos ideais sociais, pode atenuar o impacto desagregador da pulsão de morte; o feminino, inicialmente anti-social, torna-se portador de recivilização. Isso equivale a dizer o quanto a diferença dos sexos opera subterraneamente no campo social, o quanto ela é denegada* por todos os tipos de procedimentos, de denegações ou de mentiras. A civilização deve reconhecer a diferença dos sexos no sentido de uma diferença simbólica. Nesse sentido, aos olhos da doutrina freudiana, os ideais clássicos das massas dessexualizadas, tais como as novas ideologias – não de igualdade dos sexos, mas de uma confusão simbólica dos sexos em nome da liberdade –, tomam a mesma direção: a de negar a diferença dos sexos.

Depois de um século de existência, o pensamento freudiano permanece um operador válido para ler a crise atual? A função paterna, garantia da lei e da proibição, não está somente na origem da sociedade; ela exige do homem um preço para entrar no campo social, sendo que ele não pode ir para nenhum outro lugar – o retorno ao estado de natureza não é uma solução para Freud. Esse preço se chama neurose. A histérica a converte em seu próprio corpo para expressar a impossibilidade de dizer o sofrimento da renúncia ao desejo, o fóbico dá testemunho de que se entra no social através da angústia e o obsessivo carrega a culpa de um delito sexual. Todo homem que quer entrar no social deve se dessexualizar e a neurose será a seqüela dessa dessexualização fundamental. Mesmo operada no momento do dito período de latência, essa socialização dessexualizada permanece sempre problemática – a educação é, segundo Freud, uma tarefa impossível. No neurótico, as relações com o sexual e com o social permanecerão sempre numa tensão, às vezes criativa, às vezes inibidora. Para alguns psicóticos, alguns delirantes paranóicos, a relação impossível com o sexual,

---

* Forma específica de negação na qual o enunciado de conteúdo afirmativo só pode ser expresso por meio de uma negação. (N. T.)

com o "foracluído"* do sexual, vai permitir uma entrada de certa forma sem dificuldades no social; o sexual é o social, o social é o sexual. Para o maior bem da sociedade, ou para sua maior infelicidade, eles fundarão instituições com vocação social, política ou ideológica. Essa hiperatividade, essa hiperadequação ao social está presente em Schreber, o caso de psicose paranóica estudado por Freud. Mas nesses psicóticos a retirada do investimento é sempre possível: ela é então radical e freqüentemente definitiva.

No período pós-moderno, a função paterna vacila. Freud havia previsto os desenvolvimentos atuais, tais como a explosão das condutas viciantes toxicomaníacas, a multiplicação das condutas sociais de desafio ou de redobramento sobre o próprio corpo, que dão testemunho de um impasse narcísico no qual Eros não desempenha mais seu papel de ligação, de unificação dos atores sociais.

Em reação a essa desagregação da função paterna e de seu corolário, a proibição, algumas pessoas recorrem a ideologias que louvam um retorno pleno à norma ou às seitas que são organizadas como massas freudianas artificiais, particularmente superegóicas e rígidas. Um funcionamento análogo ao da perversão tem direito de cidadania, lugar de escroques legais, e a diferença simbólica dos sexos é rejeitada em nome de um ideal de liberdade. A histeria parece estar em vias de regressão – os neuróticos não são mais histéricos: são depressivos. A depressão é conseqüência de um desmoronamento do papel regulador do pai, da norma social; assistimos a um

---

* A foraclusão é um mecanismo psíquico de rejeição das representações insuportáveis, antes mesmo de se integrarem ao inconsciente do indivíduo, o que seria, segundo Jacques Lacan (1901-1981), a origem da psicose. (N. T.)

aumento daquilo que Durkheim chamava de *anomia*. A anomia é o estado do corpo social quando seus diferentes órgãos não se regulam mais pela norma, já não são solidários uns com os outros. O indivíduo renuncia então ao seu sentimento de pertencimento social para buscar abrigos comunitários ou encontrar sua salvação na via de um individualismo forçado. Essas saídas para os efeitos da anomia não atenuam o sofrimento, muito pelo contrário, mas são exacerbadas por um outro componente da pós-modernidade: a norma social está prestes a ser clivada. De um lado observa-se uma oferta incessante para transgredir a lei: a organização criminosa, a organização mafiosa se estende, simultaneamente ao triunfo da mercadoria; nada mais resiste, nenhuma instituição pode mais resistir à livre circulação das mercadorias – a fetichização da mercadoria é um fato universal, é a lei universal; esta mercadoria não é mais um objeto real, mas às vezes um objeto virtual ou uma prestação de serviço que os progressos técnicos tornam possível; por outro lado, há uma retomada de ganho das instituições políticas ou religiosas que se apóiam sobre uma paixão da norma.[10] Essa clivagem da norma social tem inúmeras conseqüências para o indivíduo; a mais importante dentre elas é que seu posicionamento em relação à culpa é diferente, deslocado no sentido de um desejo: o cinismo e a indiferença são de rigor e os apelos à compaixão quase incessantes feitos pelas mídias não surtem efeito – pelo contrário, contribuem para deslocar a culpa sobre o virtual. Freud havia percebido que a relação com a culpa está no âmago do pacto social: todas as ideologias que visam denegar essa culpa são perigosas, mortais para o social, pois querem desviá-la em seu proveito exclusivo,

---

10. Cf. P. L. Assoun, op. cit.

designando como culpado um corpo do social – é o bode expiatório.

Freud pôs o dedo sobre a falta que preside ao pacto social: só pode haver totalidade social na ideologia ou no fantasma, ou seja, o pensamento de Freud é um fantástico instrumento de denúncia dos mitos sociais totalizantes; ele desagregou o próprio fundamento de todas as idolatrias – a da terra, a da pátria, a do amor universal, etc. –, mas a originalidade de sua mensagem deve-se ao fato de que colocou em prática uma nova forma de diálogo, o diálogo analítico.

Se Freud é um profeta dos tempos modernos, o diálogo analítico é um milagre, não no sentido de uma intervenção divina qualquer, mas no sentido de algo radicalmente novo. No diálogo analítico, o psicanalista é implicado como sujeito: é o sentido profundo disso que se chama o desejo do analista, necessário ao desenrolar da cura. A relação com o paciente exclui *a priori* todas as formas habitualmente encontradas de sociabilidade (comercial, sexual, fraternidade ideológica ou religiosa, por exemplo, ou familiar): é a experiência do outro numa heterogeneidade em relação às experiências comuns. É a condição do levantamento do recalcamento.

Infelizmente, nem sempre a análise é bem-sucedida, longe disso; há derivas nas curas intermináveis, há acidentes trágicos, mas aqueles que puderam levar a termo essa experiência não lamentaram o fato. Opera-se neles, então, um ganho de saber que os torna mais aptos que antes para suportar o choque do social e suas injunções a renunciar ao desejo. Se essa experiência é transmissível, ela não é comunicável, assim como uma emoção ou uma angústia, e sem essa experiência é difícil apreciar o verdadeiro teor da mensagem freudiana.

Há discursos que se estabelecem numa dada época e que desaparecem para voltar muito mais tarde. Assim,

Hipócrates havia lançado as bases do discurso médico, mas seu trabalho não fez efeito antes da chegada da ciência moderna. Talvez Freud tenha estabelecido – além de uma mensagem ou de uma nova terapêutica, ou ainda de um novo diálogo – um verdadeiro discurso. O futuro desse discurso tão útil, dado que afirma – nessa época de hegemonia da ciência, na qual o inconsciente se torna um sistema de anagramas e o psiquismo um objeto – o caráter vivo e sobretudo irredutível da subjetividade, não está assegurado. O discurso freudiano pode cair no esquecimento, o que equivale a dizer que a responsabilidade de transmiti-lo é daqueles que o praticaram. Dado que o sabem, por que não o diriam? Essa transmissão foi especialmente desejada por Freud no final de sua existência, o que pode ser constatado na ênfase que dá à questão em *Moisés e o monoteísmo*, seu último escrito.

Bibliografia

Obras de Freud

Freud, S. *Obras psicológicas completas. Edição Standard Brasileira.* Trad. Jayme Salomão (org.). Rio de Janeiro: Imago, 1974.

Obras de Freud citadas:

Cinq psychanalyses. Trad. Marie Bonaparte e R. Loewenstein. Paris: PUF, 1954. (Col. Bibliothèque de Psychanalyse)
La Naissance de la psychanalyse. Trad. A. Berman. Paris: PUF, 1956. (Col. Bibliothèque de Psychanalyse)
L'Interprétation des rêves. Trad. I. Meyerson. Paris: PUF, 1973.
"Métapsychologie". In: *Œuvres complètes de Psychanalyse.* Tomo XIII. Paris: PUF, 1988.
La Technique psychanalytique. Trad. A. Berman. Paris: PUF, 1953. (Bibliothèque de Psychanalyse)
Sigmund Freud presenté par lui-même. Trad. F. Cambon. Paris: Gallimard, 1984. (Col. Connaissance de l'inconscient)
Cinq leçons de psychanalyse. Trad. Y. Le Lay. Paris: Payot, 1924 (seguido de "Contributions à l'histoire du mouvement psychanalitique").
Études sur l'hystérie (em colaboração com Joseph Breuer). Trad. Antoine Berman. Paris: PUF, 1956, reimp. 1985. (Col. Bibliothèque de Psychanalyse)

La Vie sexuelle. Trad. D. Berger e J. Laplanche. Paris: PUF, 1969. (Col. Bibliothèque de Psychanalyse)

Malaise dans la civilisation. Paris: PUF, 1971. (Col. Bibliothèque de Psychanalyse)

Moïse et le monoteísme. Trad. C. Heim. Paris: Gallimard, 1986. (Col. Connaissance de l'inconscient)

"Dostoievski et le parricide". Trad. J. B. Pontalis. In: *Les Frères Karamazov*. Prefácio. Paris: Gallimard, 1973, 2 vol. (Col. Folio)

L'Avenir d'une illusion. Trad. Marie Bonaparte. Paris: PUF, 1971. (Col. Bibliothèque de Psychanalyse)

Ma vie et la psychanalyse. Trad. Marie Bonaparte. Paris: Gallimard, 1928.

La Question de l'analyse profane. Paris: Gallimard, 1985. (Col. Connaissance de l'inconscient)

Résultats Idées Problèmes. Paris: PUF, 1985. (Col. Bibliothèque de Psychanalyse)

L'Inquiétante étrangeté et autres essais. Trad. B. Freno. Paris: Gallimard, 1985. (Col. Connaissances de l'inconscient)

Essais de psychanalyse appliquée. Trad. Marie Bonaparte e E. Marty. Paris: Gallimard, 1933. (Col. Les Essais)

Psychopathologie de la vie quotidienne. Trad. S. Jankélévitch. Paris: Payot, 1922.

Trois essais sur la théorie de la sexualité. Trad. B. Reverchon Jouve. Paris: Gallimard, 1962.

Le Mot d'esprit et ses rapports avec l'inconscient. Trad. Marie Bonaparte e M. Nathan. Paris: Gallimard, 1930. (Col. Les Essais)

Totem et Tabou. Trad. S. Jankélévitch. Paris: Payot, 1923.

Le Délire et les rêves dans la Gradiva de W. Jensen. Trad. P. Arhex e R.-M. Zeitlin. Paris: Gallimard, 1986. (Col. Connaissance de l'inconscient)

Um souvenir d'enfance de Léonard de Vinci. Trad. A. Bourguignon. Paris: Gallimard, 1981. (Col. Connaissance de l'inconscient)

"Le Moïse de Michel-Ange". In: *Essais de psychanalyse appliquée*. Paris: Payot, 1981.

Introduction à la psychanalyse. Trad. S. Jankélévitch. Paris: Payot, 1926.

Nouvelles conférences d'introduction à la Psychanalyse. Paris: Gallimard, 1984.

No quadro de uma abordagem histórica da descoberta freudiana citamos:

Sulloway, F. J. *Freud, biologiste de l'esprit*. Trad. S. Lelaider. Paris: Fayard, 1981.

Essa obra é notável por sua documentação, mas a tese do autor, segundo a qual Freud era um biólogo do espírito, arrisca-se a não levar em consideração o caráter particular do estatuto da verdade na psicanálise e as relações transferenciais entre Freud e Fliess.

Ellenberger, H. F. *Histoire de la découverte de l'inconscient*. Trad. J. Feisthauer. Paris: Fayard, 1994.

Livro rico em referências, mas sufoca a descoberta freudiana num conjunto heteróclito composto de teorias filosófico-psicológicas ou psiquiátricas; todavia, trata-se de uma obra notável pela precisão que manifesta na diferenciação de inúmeras teorias do inconsciente.

Dentre as biografias foram citadas:

Jones, E. *La Vie et l'œuvre de Sigmund Freud*. Trad. Antoine Berman. Paris: PUF, 1958-1969. 3 vol. [Ed. bras.: *A vida e a obra de Sigmund Freud*. Trad. Julio Castañon Guimarães. Rio de Janeiro: Imago, 1989.]

Trata-se da biografia mais completa e que se revestiu de um caráter oficial. Jones omitiu elementos importantes da história do movimento psicanalítico, em particular nos anos negros e, apesar de uma preocupação de objetividade, orientou alguns conceitos freudianos para um sentido discutível.

Mannoni, O. *Freud*. Paris: Le Seuil, 1968. (Col. Écrivains de toujours) [Ed. bras.: *Freud*: uma biografia ilustrada. Trad. Maria Luiza X. A. Borges. Rio de Janeiro: Jorge Zahar, 1994.]

Obra de um psicanalista que apresenta uma grande qualidade literária.

Robert, M. *La Révolution psychanalytique*: la vie et l'œuvre de Sigmund Freud. Paris: Payot, 1984. [Ed. bras.: *A revolução psicanalítica*. Trad. Attílio Cancian, J. Guinsburg e Ricardo W. Neves. São Paulo: Perspectiva, 1991. (Col. Estudos)]

_____. *D'Œdipe à Moïse*. Paris, Calman-Lévy, 1974. [Ed. bras.: De Édipo a Moisés: Freud e a consciência judaica. Trad. Maria de Lourdes Menezes, Rio de Janeiro, Imago, 1989.]

Wunenberger, J.-J. *Sigmund Freud: Une Vie, une œvre, une époque*. Paris: Éditions Balland, 1985.

Anzieu, D. *L'Auto-analyse de Freud et la découverte de la psychanalyse*. Paris: PUF, 1959. 2 vol. (Bibliothèque de Psychanalyse) [Ed. bras.: *A auto-análise de Freud e a descoberta da psicanálise*. Trad. Francisco Franke Settineri. Porto Alegre: Artes Médicas, 1989.]

Mannoni, O. *Clés pour l'imaginaire ou l'autre scène*. Paris: Le Seuil, 1959. 2 vol. (Col. Le Champ Freudien) [Ed. bras.: *Chaves para o imaginário*. Trad. Lígia Maria Pondé Vassalo. Petrópolis: Vozes, 1973.]

Porge, E. *Vol d'idées? Wilhelm Fliess, son plagiat et Freud*, seguido de *Pour ma propre cause*, de Wilhelm

Fliess. Paris: Denoël, 1994. (Col. L'Espace Analytique) [Ed. bras.: *Roubo de idéias? Wilhelm Fliess, seu plágio e Freud*. Trad. Dulce Duque Estrada. Rio de Janeiro: Companhia de Freud, 1988.]
    Essas três obras são indispensáveis para quem deseja interrogar o enigma da auto-análise de Freud. A elas deve-se agregar o livro de Paul Bercherie, *Génèse des concepts freudiens*, Paris: Navarin, 1983. (Col. Bibliothèque des Analytica)

Obras de psicanálise citadas:

Assoun, P. L. *Freud et les sciences sociales*. Paris: Armand Colin, 1993.

Abraham, K. *Œuvres complètes*. Tomo II. Paris: Payot, 1990.

Chertok, L.; Saussure, R. de. *Naissance du psychanalyste*. Le Plessis-Robinson: Syntélabo, 1996. (Col. Les Empêcheurs de Penser en Rond)

Clavreul, J. *L'Ordre médical*. Paris: Seuil, 1981. [Ed. bras.: *A ordem médica*: poder e impotência do discurso médico. Trad. Jorge Gabriel Noujaim, Marco A. C. Jorge, Potiguara M. Silveira Jr. São Paulo: Brasiliense, 1983.]

Haddad, G. *L'enfant illégitime: sources talmudiques de la psychanalyse*, Paris: Desclée de Brouwer, 1995.

Lacan, J. *Le Séminaire 1953-1980*. Texto estabelecido por J. A. Miller. Paris: Seuil. 9 vol. publicados. (Col. Le Champ Freudien). [Ed. bras.: Seminário, Rio de Janeiro, Zahar, 1983-1985, 20 vol.]

_____. *Écrits*. Paris: Seuil, 1966. (Col. Le Champ Freudien) [Ed. bras.: *Escritos*. Trad. Vera Ribeiro. Rio de Janeiro: Jorge Zahar, 1998. (Coleção Campo Freudiano no Brasil.)]

_____. *Télévision*. Paris: Seuil, 1973. (Coleção Le Champ Freudien) [Ed. bras.: *Outros escritos*. Trad. Antonio Quinet. Rio de Janeiro: Jorge Zahar, 1993.]

Klein, M. *Essais de psychanalyse*. Paris: Payot, 1968.
Nasio, J. D. *Enseignement de sept concepts cruciaux de la psychanalyse*. Paris: Payot, 1992. (Petite Bibliothèque Payot) [Ed. bras.: *Lições sobre os sete conceitos cruciais da psicanálise*. Trad. Vera Ribeiro. Rio de Janeiro: Jorge Zahar, 1989.]
Reich, W. Charakteranalyse. Copenhague: Sexpol Verlag, 1933. [Ed. bras.: *Análise de caráter*. 4. ed., trad. Maria Lizette Branco, Marina Manuela Pecegueiro, São Paulo, Martins Fontes, 2001.]
Vanier, A. *Éléments d'introduction à la psychanalyse*. Paris: Nathan Université, 1999.
Widlocher, D.; Braconie A. (org.). *Psychanalyse et psychothérapie*. Paris: Flammarion, 1996.
Winnicot, D. W. *De la pédiatrie à la psychanalyse*. Paris: Payot, 1964. [Ed. bras.: *Textos selecionados:* Da pediatria à psicanálise. Trad. Jane Russo. Rio de Janeiro: Francisco Alves, 1978.]

Um lugar à parte deve ser reservado à obra de E. Roudinesco, *Histoire de la psychanalyse en France*, Tomo I (1981) e Tomo II (1986), Paris, Fayard . Estudo completo e racional da psicanálise feito por uma historiadora profissional. [Ed. bras.: *História da psicanálise na França*: a batalha dos cem anos. 2 vol.: vol. I: 1885-1939. Trad. Vera Ribeiro e Marco A. C. Jorge; vol. II: 1925-1985. Trad. Vera Ribeiro e Luiz A. Garcia-Roza. Rio de Janeiro: Jorge Zahar, 1989.]

Grünbaum, A. *La Psychanalyse à l'épreuve*. Trad. Joëlle Proust. Paris: Éditions de l'Éclat, 1993. (Col. Tiré à Part)
_____. *Les Fondements de la psychanalyse*. Trad. Jean-Claude Dumoncel. Paris: PUF, 1996. (Col. Sciences, Modernités, Philosophies.)

Bakhtin, M. M.; Volochinov, V. N. *Écrits sur le freudisme*. Trad. G. Verret. Lausanne: L'Âge d'Homme, 1990. [Ed. bras.: *O freudismo*: um esboço crítico. Trad. Paulo Bezerra. São Paulo: Perspectiva, 2001.]

Olivier, C. *Les Enfants de Jocaste*. Paris: Denoël, 1980. [Ed. bras.: *Os filhos de Jocasta*: a marca da mãe. Trad. N. L. Rezende. Porto Alegre: L&PM, 1986.]

Irigaray, L. *Speculum*: de l'autre femme. Paris: Minuit, 1985. (Col. Critique)

Popper, K. *Conjonctures et réfutations*: la croissance du savoir scientifique. Paris: Payot, 1985. [Ed. bras.: *Conjunturas e refutações*. Trad. Sérgio Bath. Brasília: Editora da Universidade de Brasília, 1972. (Col. Pensamento Científico)]

Sobre a questão do inconsciente que pensa, o sujeito do inconsciente, citamos:

Milner, J.-C. *L'Œuvre claire, l'ordre philosophique*. Paris: Le Seuil, 1995. [Ed. bras.: *A obra clara*: Lacan, a ciência, a filosofia. Trad. Procópio Abreu. Rio de Janeiro: Jorge Zahar, 1996. (Col. Transmissão da Psicanálise)]

A respeito da formação do psicanalista:

Safouan, M. *Jacques Lacan et la question de la formation des analystes*. [Ed. bras.: *Jacques Lacan e a questão da formação dos analistas*. Porto Alegre: Artes Médicas, 1985.]

Podemos também consultar: Valabrega, J.-P. *La Formation du psychanalyste, esquisse d'une théorie*. Paris: Belfond, 1979. (Documents pour l'analyse) [Ed. bras.: *A formação do psicanalista*. São Paulo: Martins Fontes, 1983.]

Dicionário:

Laplanche, J.; Pontalis, J.-B. (direção de Daniel Lagache). *Vocabulaire de psychanalyse*. Paris: PUF, 1967. (Col. Bibliothèque de Psychanalyse) [Ed. bras.: *Vocabulário da psicanálise*. Trad. Pedro Tamen. São Paulo: Martins Fontes, 1992.]

A citar também:

Chemama, R. (org.). *Dictionnaire de la psychanalyse*: dictionnaire actuel des signifiants, concepts et mathèmes de la psychanalyse. Paris: Larousse, 1993. [Ed. bras.: *Dicionário de psicanálise*. Trad. Francisco Franke Settineri. Porto Alegre: Artes Médicas, 1995.]

Fedida, P. *Dictionnaire de la psychanalyse*. Paris: Larousse, 1974.

Le Rider, K.; Plon, M.; Raulet, G.; Ray-Elaud, H. *Em torno de O mal-estar na cultura*. São Paulo. Escuta, 2002.

Kalivoda, R. *Marx ou Freud: la pensée contemporaine et le marxisme*. Paris, Éditions Anthropos, 1971.

Kaufmann, P. *L'Apport freudien*: éléments pour une encyclopédie de la psychanalyse. Paris: Bordas, 1991. [Ed. bras.: *Dicionário enciclopédico de psicanálise*: o legado de Freud e Lacan. Trad. Vera Ribeiro e Maria Luiza X. A. Borges. Rio de Janeiro: Jorge Zahar, 1996.]

Tamisier, J.-C. (Ed.). *Grand dictionnaire de la psychologie*. Paris: Larousse, 1991.

ESTE LIVRO FOI COMPOSTO EM SABON
CORPO 10,7 POR 13,5 E IMPRESSO SOBRE
PAPEL OFF-SET 90 g/m² NAS OFICINAS DA
BARTIRA GRÁFICA, SÃO BERNARDO DO
CAMPO - SP, EM MARÇO DE 2007